대박골프

대박골프

초판 1쇄 인쇄 2012년 3월 25일
초판 1쇄 발행 2012년 3월 30일

지은이 김창술
사 진 김명준
펴낸이 金泰奉
펴낸곳 한솜미디어
등 록 제5-213호

편 집 김주영, 김수정, 이혜정
마케팅 김영길, 김명준
홍 보 김태일

주 소 (우143-200) 서울시 광진구 구의동 243-22
전 화 (02)454-0492(代)
팩 스 (02)454-0493
이메일 hansom@hansom.co.kr
홈페이지 www.hansom.co.kr

ISBN 978-89-5959-304-0 (13690)

*책값은 표지에 표시되어 있습니다.
*잘못 만들어진 책은 구입하신 서점에서 친절하게 바꿔드립니다.

3개월이면 100타 가능한

대박골프

김창술 지음

한솜미디어

| 추천의 글 |

골프 경력이 30년인 나는 꾸준히 라운딩을 나가는데도 스코어가 90대 중반에서 전혀 진전이 없어 '발전시킬 방법이 없을까?' 고민하다 주변에서 권유하는 집 근처 연습장을 찾아 저자를 만났다. 저자는 나의 스윙 자세를 비디오로 보여주며 임팩트impact부터 왼쪽 팔꿈치가 심하게 굽어지는 스윙 모습을 자세히 지적해 주었다. 그리고 이것만 고치면 거리와 방향이 좋아지고 더불어 스코어도 좋아진다는 설명에 공감하여 레슨을 받기 시작했다.

그 후 1개월 정도 지나자 고질병인 닭날개 스윙이 점차 고쳐지기 시작하였고, 라운딩을 나가 보니 그 효과가 나타났다. 4개월쯤 되니 스윙이 안정되면서 지금은 80대 중반의 스코어를 유지하고 있다. 지금까지 향상을 꾀하려 많은 레슨을 받았으나 번번이 실패한 경험이 있는 나로서는 큰 발전이 아닐 수 없다. 더욱 기분 좋은 것은 드라이버 거리가 약 30m 늘었다는 것이다. 친구들보다 항상 세컨드 샷을 먼저 하는 수모(?)에서 제일 늦게 샷 하는 기분이란 상쾌한 쾌감이 아닐 수 없다.

이 계기로 온 가족이 골프를 배우며 연습하였는데, 특히 레슨 6개월 만에 나보다 더 잘 치는 아들의 모습에 깜짝 놀랄 수밖에 없었다. 아들에게는 일찍부터 골프를 배우도록 권했는데 허리가 아프다며 미루고 있던 차에, 오히려 허리 강화에 좋다는 저자의 말을 믿고 골프를 시켰더니 허리도 좋아졌고 스윙 자세와 실력이 단기간에 놀라울 정도로 발전하였다. 지금은 직장 때문에 연습을 중단한 상태이지만 가끔 인도어나 라운딩을 같이 나가 보면 큰 변화 없이 잘 치는 것을 보고 저자에게 감사한다.

저자는 스윙의 핵심 요소를 간단하고 쉽게 꼭 집어서 가르치기 때문에 배우는 사람들이 잘 칠 수밖에 없다. 또한 이 연습장에서 레슨을 받은 회원들을 보면 나날이 발전하는 속도에 감탄하지 않을 수 없다.

골프는 처음 시작이 중요하다. 나같이 처음부터 잘못 배운 스윙 자세는 고치기도 힘들뿐 아니라 교정한다 해도 초기의 잘못된 스윙 폼이 자신도 모르게 재연되어 흐트러지곤 한다.

스윙 자세를 쉽게 잘 가르치는 저자의 '레슨 노하우 Lesson know-how'를 책으로 낸다니 적극 추천한다. 골프를 배우거나 발전이 없어 고민하는 사람들에게 큰 도움이 될 것을 의심치 않는다.

(전) 산동회계법인 대표

| 이 책을 시작하며 |

대통령의 능력이 국가의 흥망성쇠를 결정하고, 장군의 능력에 의해 전쟁의 승패가 결정된다. 똑같은 상황, 즉 같은 병사와 같은 배로 같은 왜적과 싸운 이순신 장군과 원균은 여건은 같았으나 이순신 장군은 승승장구하고 원균은 패배하고 말았다. 이렇듯 모든 운동은 감독의 능력에 따라 좌우된다. 골프도 누가 어떻게 조련하느냐에 달려 있다.

필자가 근무한 미군 부대에는 한국군 카투사KATUSA로 근무하는 S대 2년을 중퇴한 한 병사가 있었다. 함께 근무하는 미군 상사는 영문 기안 문서를 올릴 때면 그 병사에게 자신의 문장 구성이 맞는지 물었고, 그 병사는 몇 글자씩 고쳐주곤 했다. 영어 구사에 아무런 지장이 없는 미군 상사는 한국군 카투사에게 영어 문장을 점검받았다. 그러나 동사의 변형과 문법에 수준급인 카투사는 정작 일상 회화 능력은 많이 부족했다.

골프도 위의 일화와 같다. 골프 경력이 몇 달만 되어도 모르는 이론이 없을 정도이고 그 이론으로 남을 가르치기도 한다. 그런데 막상 코스에 나가면 형편없다. 그 원인은 라운딩에 필요한 레슨을 받지 못하고 막연한 연습만 하기 때문이다.

특히 우리 주변엔 골프가 꼭 필요해서 시작을 하였지만 시간이 지나도 실력 향상이 안 되어 결국 포기해 버리고, 골프라면 "나는 안 돼…" 하며 고개를 설레설레 흔드는 사람들이 의외로 많다. 골프를 가르치는 한 사람으로서 안타까울 뿐이다.

운동신경이 있다고 자신하는 필자도 똑같은 아픈 경험 끝에 세 차례 도전하여 성공한(?) 이력이 있다. 그렇기 때문에 운동신경이 발달하지 않은 일반인들도 이해하기 쉽도록 라운딩에 꼭 필요한 내용만 간추려 이 책에 담았으므로 참고하여 연습하면 누구나 80대의 스코어로 골프를 즐길 수 있다고 확신한다.

필자는 문화체육부장관이 발행한 골프 지도자 3급을 보유하고 있다. 하지만 자격증보다는 경험과 지식과 수련의 깊이를 통해 터득한 기술을 바탕으로 얼마큼의 성의와 열정으로 가르치느냐가 더 중요하다고 생각한다.

끝으로 바쁜 중에도 이 책을 출간할 수 있도록 열심히 도와준 정지영 님과 김다움, 그리고 모델로 수고한 김미덥 님께 감사드린다.

목차

추천의 글 / 4
이 책을 시작하며 / 6

1장 골프 입문 가이드

01 대박 골프 / 15
02 골프의 매력 / 18
03 골프 입문기 / 20
04 교육의 효과 / 22
05 골프를 잘 치려면 / 26
06 골프를 잘 못 치는 원인 / 27
07 슬라이스 이야기 / 28
08 골프는 논리이고 과학이다 / 30
09 스윙의 변화 / 32
10 주말 골퍼의 소원 / 34

2장 골프의 기본자세

01 준비 운동 / 39
02 준비 자세 / 42
03 그립 이야기 / 44

04 테이크 백-백스윙 톱 / 46

05 다운스윙 / 50

06 임팩트 / 52

07 팔로우 스로우 / 58

08 피니시 / 61

09 장타의 원리 / 63

10 거리가 멀리 나가지 않는 이유 / 65

11 헤드업의 정의 / 67

3장 레슨에 관한 세부내용

01 레슨의 기본자세 / 71

02 레슨의 지침 / 74

03 레슨의 포인트 / 75

04 단계별 스윙의 완성 / 78

05 단계별 스윙 세부 내용 / 81

06 어드레스와 스윙 시 신체별 주요 자세와 역할 / 86

07 골프의 핵심 / 88

08 스윙 연습 방법 종합 / 91

09 오른팔과 오른발의 역할 / 92

4장 라운딩에 필요한 내용

01 꽃상여 이야기 / 95
02 클럽의 선택 / 96
03 공의 위치 / 98
04 코스 공략법 / 100
05 라운딩 시 방향을 잡는 요령 / 101
06 피칭 샷 / 103
07 피칭 웨지의 시간대별 거리 / 105
08 퍼터 / 106
09 벙커 샷 / 111
10 트러블 샷 / 113
11 심리 극복 방법 / 114
12 매너 / 116
13 매너 이야기 / 118
14 안전에 주의 / 120
15 만남의 광장 유감 / 121

5장 대박 라운딩 에피소드

01 골프의 정석은 논리와 과학임을 입증! / 125
02 10여 년간 지속된 신경성 위장병을 이겨내다 / 126

03 20년간 유지되었던 뱃살이 빠지다 / 128
04 1여 년 만에 싱글 스코어를 기록하다 / 130
05 의사의 지시를 어기고 골프를 친 디스크 환자 / 132
06 감나무에서 떨어져 허리 통증으로 40년간 고생했으나… / 134
07 사장님이 유명해졌습니다! / 136
08 3년 구력의 골프 마니아를 제친 초보 골퍼 / 138
09 골프장 사장이 뭘 알아? 프로가 훨씬 잘 가르치지… / 141
10 아픈 어깨가 낫기만 한다면 1억을 주겠다… / 144
11 그립은 바나나 껍질이 터지지 않을 정도만… / 147
12 하얀 눈밭에서 벌인 결전 / 149
13 누가 머리 없는 분이에요? / 151
14 2주간 기초 레슨 후에 중국 산동 골프 대회에서 선전하다 / 153

 부록 ## 골프 룰과 용어해설

01 홀의 구성과 스코어 계산 / 157
02 골프 클럽의 구성 / 159
03 흔히 접하는 주요 룰 / 162
04 꼭 알아야 할 주요 매너 / 165
05 주요 골프 용어 / 167

이 책을 마치며 / 182

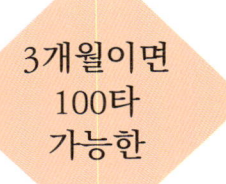

3개월이면
100타
가능한

대박
골프

골프 입문 가이드

1장

골프는 행복이다.
골프의 즐거움을 무엇으로 표현해야 좋을까?
'골프를 하지 않는 사람은 무슨 재미로 살까?' 싶을 정도로 묘미가 있다.
골프의 유혹 때문에 고관대직도 내놓은 분이 한두 명이 아니다.
인생의 가치와 품위가 달라진다.
골프 치는 동안 공과 샷 그리고 코스에 집중하다 보면 별천지에 와 있다는 느낌이다.
진시황제 부럽지 않다는 말이 종종 나온다.

대박 골프

'대박'의 의미는 '큰 이익을 얻는다'는 뜻이다.

스윙swing 핵심을 이해하면 골프 실력이 대박 난다. 짧은 기간에 쉽게 배워 골프를 잘 치니 골프 대박인 것이다.

골프를 처음 배워 1개월 반 만에 머리를 얹은 생초보가 다른 곳에서 3년 연속 레슨을 받으며 평균 주 2회 정도 라운딩해 온 골프 선배를 처참해 할 정도로 이기고, 6개월 정도 레슨을 받고 라운딩 경험이 고작 5회뿐인 초보자가 10년이 훨씬 넘은 경력자를 샷shot의 내용과 스코어에서 완벽히 이긴다는 것은 골퍼로서 엄청난 대박이 아닐 수 없다. 특별한 운동선수 출신이 아닌 평범한 40대 남녀의 라운딩 결과이다.

또 산후조리를 잘못하여 생긴 어깨 아림으로 20년 동안 편히 잠을 잘 수 없어 오랜 세월 병원 치료를 받았으나 효과를 보지 못하던 차에, 남편의 권유로 골프를 6개월 정도 치면서 고질병이 깨끗이 나았을 뿐 아니라 3년 만에 싱글 골퍼로 필드를 누비는 여성도 있다.

골프를 하면서 허리 디스크 환자, 만성 허리 질환자, 신경성 위장병 환자, 불면증 환자 등의 병세가 호전되었고, 10kg 이상을 감량하여 비만으로부터 탈출한 분들이 모두 '대박' 난 것이다. 모두 다 평범한

체계화되고 논리적인 과학적 스윙을 배워야 한다.

직장인이고 주부이며 중년 이상의 연령층이다.

이와 같이 필자가 가르치는 골프는 정석 스윙으로, 성인병 예방에 탁월한 효과를 체험한 사람이 많다. 특히 배우기 쉽고 간단하여 빠르게 발전할 수밖에 없는 분명한 논리의 스윙이기 때문에 누구나 골프 대박을 낼 수 있다. 제일 중요한 것은 간단하고, 실제 라운딩에서 적용이 가능한 레슨 방법이라야 한다.

마을 뒷산에 산책을 나가는 사람이 에베레스트에 오르는 복장으로 간다는 말이 있다. 생활체육으로 건강을 위해 취미로 배우려는 일반인에게 프로 지망생을 가르치듯 하니 운동신경이 썩 발달하지 않은 사람들에게는 너무 복잡하고 어려워 중도에서 포기하는 사람이 많은 것이다.

필자는 레슨 3개월에 100타, 6개월에 90타, 1년에 85타를 기준으로 한다. 85타 이하는 연습 기간과 라운딩 횟수가 많으면 그 또한 충분히 가능하다.

지난해 미국 출신의 알렉시스 톰슨은 16세의 나이로 백전노장들을 제치고 나비스타 클래식과 두바이 레이디 마스터스에서 우승했다. 이는 골프를 오래 배우고, 경력이 오래되었다고 잘 치는 것이 아님을 증명해 주는 좋은 사례이다.

자신이 하는 스윙이 과연 논리와 정석에 맞는지, 과학적인 스윙을 하고 있는지를 알 수 있도록 가르치는 방법이 중요하다. 스윙의 주요 요소를 쉽게 이해하고 연습토록 하여 본인 스스로 실력이 향상되고 있음을 느낄 수 있도록 지도하는 것이 핵심이다.

가장 큰 문제는 본인의 스윙 자세가 무엇이, 어떻게 잘못되었는지 느끼지 못하는 레슨을 반복하니 안개 속을 헤매듯이 답답하고 발전이 없는 것이다.

33년의 지혜로운 경험과 25년의 철학 있는 레슨 경력으로, 수많은 골프 초보자의 기초 스윙 완성과 교정을 원하는 분들을 싱글 골퍼로 지도한 내용을 이해한다면 여러분 모두 '골프 대박'이 날 것이라 확신한다.

골프의 매력

　골프는 참 매력 있는 스포츠로 끝없는 도전과 정복의 대상이기도 하다. 또한 신체 골고루 적당한 운동이 되어 건강에 큰 도움이 되고, 현대인의 스트레스를 즐겁게 풀어 줄 수 있는 스포츠의 정상이며 꽃이다.

　골프의 3대 요소인 '좋은 날씨에, 좋은 사람들과 좋은 코스에서, 더욱이 좋은 매너와 좋은 스코어'로 라운딩을 할 때면, "이 좋은 것을 해보지 못하고 죽은 사람은 얼마나 억울할까?"라는 말이 나도 모르게 저절로 나온다.

　그런데 골프는 쉽게 이루어지지 않고, 누구에게나 쉽게 열려 있지 않다. 골프를 칠 수 있는 인격, 경제적 여유, 열려 있는 선진 마인드, 나도 할 수 있다는 정신력과 도전 의식, 낯선 이들과도 스스럼없이 어울릴 수 있는 사교성, 잘 안 돼도 참고 기다리는 인내심을 갖춘 사람에게만 기회를 주는 운동이라고 생각한다.

　필자도 여러 종류의 운동을 즐겨 본 경험이 있는데 역시 골프는 어렵지만 묘미가 있고, 잠시라도 방심하면 자세가 흐트러져 수양하고 정성을 들여 철저한 자기 관리와 끊임없는 노력을 필요로 하는 운동

골프는 수양이다.

이다.

　오죽하면 골프가 잘 안 되는 핑계가 108가지나 된다고 할까…. 참고로 마지막 108번째 핑계는 '오늘 왜 이리 안 되지? 거 이상하네'이다. 골프는 그토록 섬세하고 까다로운 운동이다.

　어제까지 잘되던 샷이 오늘은 까닭 모르게 난조를 겪는다. 그래서 더욱 재미있다. 내가 친 공이 잘 맞지 않으면 다른 사람들이 좋아하니까… 이른바 남의 불행이 나의 행복이다.

　골프는 짜증낸다고 되는 운동이 아니다. 짜증을 내면 더욱 안 되는 것이기에 마음을 추스를 줄 알아야 한다.

　골프는 수양이다. 성질 같아선 다시는 골프를 안 치겠다는 말이 목까지 차오르다가도, 끝나면 다시 그리워지는 것이 골프다.

골프 입문기

　80년도 초반에 필자는 처음으로 골프를 접했다. 그 당시 골프는 대부분 대기업 경영진이나 정부 고위 관리, 군장성이 아니면 엄두도 못 낼 귀족 운동이었다.

　우연치 않게 상사분이 부임한 후 같은 사택에 살게 된 인연으로, 주말에 인도어 연습장에 따라나섰다가 그분이 쉴 때 한번 쳐보라는 권유에 못 이겨 그분의 흉내를 내며 공을 쳤다. 그때 공이 공기를 가르면서 일직선으로 쭉 뻗으며 150m 앞으로 나가는데 타구감이 그렇게 좋을 수가 없었다. 그분도 깜짝 놀라면서 조금만 배우면 잘 치겠다며 그때 그립grip을 비롯하여 기본기를 가르쳐 주었다.

　30여 년이 지난 지금도 그때 처음 샷한 그 상큼한 느낌을 잊을 수가 없다. 그 무렵 필자는 주말이면 테니스에 모든 시간을 할애할 정도라 운동감각은 어느 정도 유지하고 있었다.

　레슨Lesson을 받는 것은 엄두도 못 내고 골프 연습을 한다는 것도 비밀에 부쳤으며, 상사분이 정기 구독하여 보는 일본 잡지로 기본자세를 배웠다. 그리고 시간 나는 대로 사택의 한 모퉁이 공터에서 틈틈이 연습을 했다. 그로부터 약 6개월 후, 인근 공군 부대 골프장으로

'내 생애 처음 라운딩'을 그분과 함께 나가 98타를 쳤다.

나는 98타의 의미를 몰랐다. 그저 5~6타는 더 잘 칠 수 있었는데…라는 생각과 가까운 거리의 퍼터putter 등 간단한 샷을 실수한 것만을 아쉽게 생각했다. 아쉬움 속에 라운딩이 종료되었는데 동반하신 분들이 난리였다. 아파트 한 채 값을 벌었다고…. 이유인즉 그 당시에는 골프를 시작하여 100타 이하로 치려면 아파트 한 채 값은 투자해야 하는데, 처음 나와서 바로 98타를 기록하였으니 아파트 한 채 값을 절약하였다는 의미였다.

골프는 테니스와는 다른 차원의 묘미가 있었다.

그 당시 장비는 감나무 우드wood, 스틸 샤프트shaft , 저품질의 골프공 등 열악한 조건이었으며, 골프채도 필자의 몸에 전혀 맞지 않은 중고를 구입해서 쳤다. 지금은 방향성과 거리가 많이 나가도록 첨단 소재를 사용한 장비를 갖추어 스윙 기술도 크게 향상되었다.

그 당시는 OB가 나서 못 찾는 공 하나가 아쉬웠고, 장갑이 해어지면 꿰매어 사용하였다. 라운딩도 1년에 몇 번 정도라 라운딩 가는 날은 소풍이 아니라 수학여행에 비유될 정도로 설레는 큰 행사였다.

그 당시 우리나라 골프장 수는 손가락으로 꼽을 정도였는데 일본에는 무려 500여 개나 된다는 사실을 일본 골프 잡지를 통해 알게 된 순간 놀라지 않을 수 없었다. 경제적으로 여의치 않고 골프 치는 사람도 많지 않았던, 불과 30여 년 전의 일인데 그때를 생각하면 아득하고 먼 옛날을 회상하는 듯하다.

교육의 효과

　골프 레슨을 해보니 교육처럼 정직한 것도 없다. 콩 심은 데는 분명히 콩이 난다. 골프도 레슨을 받으면 분명한 효과가 나타나야 한다. 가령 '거리가 몇 십 미터 늘었다든가, 스코어가 좋아졌다든가, 방향성이 좋아졌다든가, 스윙 폼이 품위 있게 변하였다든가….' 교육을 받으면 효과가 나타나야 산교육이고 유익한 교육이다.
　그런데 레슨을 아무리 받아도 이러한 결과물이 없어 '레슨 무용론'이 나오는 것이다. 주변에서 레슨 프로에게 좋은 결과가 나오도록 레슨을 주문하면 "골프 레슨 결과가 그렇게 금방 나옵니까?" 하고 볼멘소리를 하며 거부 반응을 보인다.
　필자의 레슨은 이러한 방식이 아니다. 오늘 배운 레슨은 오늘 바로 느낌이 오도록 한다. 이렇듯 배우는 사람이 바로 느낄 수 있고 결과가 나타나 가능성과 흥미가 유발되어 내일이 기다려지는 기대감이 있어야 제대로 된 레슨이라 할 수 있다.
　필자는 골프 레슨을 군대 사격훈련에 곧잘 비유한다.
　군대 신병훈련소에서 핵심은 사격술의 연마다. 필자가 경험한 70~80년대 군의 사격훈련 내용은 '사격 자세와 격발'이었다. 사격 자세에 정조준하여 눈을 뜨고 방아쇠를 1, 2단으로 놓고 처녀 가슴 다루 듯이 살그머니 격발하라고 귀가 닳도록 듣고 연습한다. 드디어 설레는 마음으로 실사격을 하고 나면 결과를 집계하여 누구는 몇 발 명중하여 합격하고, 누구는 명중률이 좋지 않아 불합격하였다는 발표를 한다. 명중률이 높은 병사는 눈을 뜨고 쏜 결과이고, 명중률이 낮은 병사는 격발 시 자신도 모르게 눈을 감고 쏜 것이 불합격의 주원인이었다.

그러나 사격 후 철저한 분석을 통해 실패의 원인을 짚어 주지 않아 불합격의 이유도 모른 채 끝난다. '총이 안 좋았나?' 하며 총기를 원망해 보기도 하고, '오늘 일진이 안 좋았나?' 하며 운세를 탓하며 자신은 사격을 못하는 사람으로 단정하고 만다.

사격 실력이 군생활 내내 그리고 제대 후 예비군, 또 일생으로 연결되니 얼마나 중요한 것인가! 개인적으로도 불행한 일이고 국가적으로도 유사 시 불행을 초래할 수 있는 일인데도 개선해 주지 않고 끝내는 것을 정말 이해할 수 없었다. 이런 방식의 훈련은 핵심이 없는 무책임하고 비효율적인 방법이다.

골프의 현실이 이와 같다.

'왜 거리가 안 나가는가? 왜 방향이 들쑥날쑥 하는가? 왜 슬라이스 Slice가 나는가? 왜 어프로치 approach를 못하는가? 왜 퍼터는 안 들어가는가?' 등 스코어에 결정적인 요소를 구체적으로 분석하고 그 결함을 명확히 알려주고 하나하나 교정해야 실력이 향상된다. 그런데 그런 분석과 교정 없이 올바르지 않은 자세로 연습을 하고 있으니 오히려 독이 되는 셈이다. 이런 식의 레슨을 받으니 레슨 무용론이 나오는 것이다.

골프 격언에 '골프를 잘 못 치는 사람은 없다. 다만 잘 못 가르치는 사람이 있을 뿐이다'라는 명언이 있다. 골프 지도자가 명심해야 할 중요한 말이다. 지도자를 잘 만나면 운동신경이 전혀 없는 남녀노소 누구라도 제대로 배워 운동을 평생 즐길 수 있다고 확신한다. 골프뿐 아니라 모든 교육과 연습은 논리와 과학적인 사고가 고려된 내용을 구체적으로 지도해야 실력이 늘고 발전하고 성공한다.

유능한 관리자는 부하 직원에게 지시하는 내용이 구체적이고 명확해야 한다. 막연히 "열심히 노력하자!" 이런 말로 두루뭉술하게 임무를 부여하면 절대로 성공할 수 없다. 그리고 잘못한 것을 고치는 데 시간과 노력과 예산의 낭비만 있을 뿐이다. 그런 지도자일수록 자신의 무능을 모르고 부하 직원에게 책임을 전가한다. 골프 역시 잘 못 가르치는 레슨 프로일수록 자기는 잘 가르쳤는데 배우는 사람이 따라오지 못한다고 책임을 돌린다.

어느 날 아침, 한 분이 연습 등록을 했다. 처음 온 분이라 레슨을 받아보지 않겠느냐고 물으니, 자신은 구력이 약 5년 정도고 그동안 잘 가르친다고 하는 유명한 프로에게 레슨을 받았는데도 실력이 늘지 않아 요즘은 아예 자신이 직접 연구하며 치고 있는데 레슨을 받을 때보다 스트레스를 덜 받는다고 했다.

"그러면 편안한 마음으로 열심히 연습하세요!" 하고 간단한 동전 이용법과 스윗 스팟이 되도록 원 포인트 레슨을 해주었다. 그런데 잠시 후, "사장님, 필이 왔습니다. 사장님의 원 포인트 레슨을 받아 보니 느낌이 아주 다르네요. 레슨을 받겠습니다"라고 하여 기본에 대한 논리의 스윙을 상세히 알려주고 연습을 하도록 했다.

레슨을 받은 지 5일 후, 라운딩을 나간다고 하여 그동안 배운 대로만 할 것을 당부하였다. 그분은 라운딩을 마친 후 연습장에 들어서자마자, "사장님! 10타나 줄였습니다" 하고 흥분을 감추지 못했다. 어찌나 공이 잘 맞던지 추운 겨울 날씨도 잊었다며 기뻐하였다.

"평균 스코어가 97타였는데 사장님께 레슨 받은 지 5일 만에 이틀간 계속 87타를 쳤습니다. 이렇게 짧은 시간에 획기적인 발전을 할 수도 있습니까?"라고 연신 감탄하며 물었다. 자신은 대학 교수로 다른 것은 노력을 하면 조금씩 발전이 있는데 골프만은 아무리 레슨을 받아도 안 늘어 힘들었다며 신기해 했다.

꾸준한 연습만이 좋은 스코어의 지름길이다.

필자는 "우리나라 교육에 문제가 많습니다!"라고 한마디 했다.

논리가 없고 핵심이 빠진 교육을 하니 영어를 10년 넘게 배워도 외국인과 대화 한번 할 수 없는 것이 우리나라 교육의 현실이고, 이것은 각 분야별 교육을 맡고 있는 지도자의 책임이라고…. 그리고 시험을 위한 교육에서 빨리 탈피하고, 필자가 골프를 가르치는 것과 같이 아주 쉽고 구체적이면서도 논리에 맞는 현장에서 활용될 수 있는 교육만이 효과가 있다고 자신 있게 필자의 교육론을 말해 주었다.

골프를 잘 치려면

잘 가르치는 레슨 프로를 만나 꾸준히 연습해야 한다.

- 잘 가르치는 프로를 만나야 한다. 등록 전 레슨을 받아 보고 좋은 느낌이 올 때 선택한다.
- 골프의 스윙 원리와 과학적인 개념을 구체적인 동작 하나 하나로 구분하여, 단계별로 핵심 포인트를 배워 전체로 연결하는 방식으로 몸에 기본 스윙 폼을 익혀야 한다.
- 라운딩 상황에 맞는 스윙 기술을 익혀야 한다.
- 꾸준히 연습해야 한다.
- 레슨 기간이 끝났어도 중간 중간 스윙을 점검하여, 기본 스윙 폼의 흐트러짐을 바로잡아야 한다.
- 정기적인 라운딩을 하여 현장감을 유지해야 한다.

골프를 잘 못 치는 원인

- 잘 못 가르치는 레슨 프로를 만나 처음부터 기초 스윙을 잘못 배운 경우
- 레슨 기간을 짧게 잡아 기초 스윙이 몸에 익숙지 않은 경우
- 많은 사람들의 스윙 폼을 여과 없이 받아들여 일관성 없이 스윙하는 경우
- 스윙의 기초도 모르고 유명 프로 선수의 스윙만 모방하려는 경우
- 자기 나름대로 스윙하는 경우
- 중간 중간 스윙 폼을 전문가에게 점검받지 않은 경우
- 꾸준히 연습하지 않은 경우
- 라운딩 경험을 하지 않은 경우
- 오른손에 힘이 너무 들어가 오른손에 굳은살이 생기고 오른손 그립 부분이 마모된 경우

슬라이스 이야기

어느 여름날 신부님과 목사님이 라운딩을 나갔다. 비록 종파는 다르지만 두 사람은 어렸을 때부터 친한 사이라 일상생활이나 성향을 너무 잘 아는 사이였다. 골프도 같이 시작하여 틈만 나면 라운딩을 즐기며 흉금을 터놓고 지냈다.

그날은 여러 분야에 대한 대화를 나누며 골프 실력을 뽐내고 즐기며 후반으로 접어들고 있는데, 하늘이 갑자기 어두워지더니 천둥 번개가 치며 소나기가 쏟아졌다. 그 와중에 신부님이 번개에 맞아 그만 하늘나라로 가 버리고 말았다.

장례 절차가 진행되는 도중, 같이 라운딩했던 목사님이 아무도 없는 새벽에 신부님의 영전에 국화꽃 한 송이를 바치며 무척 슬퍼하였다.

"하나님, 어찌 그 착하고 선한 신부님을 데려가셨습니까? 하나님도 아시다시피 많은 죄를 지은 저를 벌하여 주셔야 마땅치 않습니까?"

그랬더니 하늘에서 은은한 목소리가 울렸다.

"내가 어찌 너의 죄를 모르겠느냐? 사실 너를 잡으려다 내 번개 칼이 슬라이스가 나서 그 착하고 선한 신부한테 갔느니라…."

이러한 유머가 회자될 정도로 골프에서 슬라이스는 누구나 겪는 과정 중의 하나라 '슬라이스는 하나님도 난다'며 위로 겸 웃음을 주고 있다.

필자도 골프를 시작한 후 한 2년 정도 슬라이스를 내는 전문가였다. 그러나 그 처방을 알려주는 사람마다 핵심 방법이 없고 각양각색이었다. 하지만 이러한 슬라이스도 분명 원인과 대처 방법이 있다.

슬라이스의 핵심은 클럽 페이스 club face가 열리고 깎아 맞는 현상이다.

미라클 샷은 꿈의 샷이 아니다.

그것을 제거하면 슬라이스가 안 난다. 말은 간단하지만 전체 스윙의 시간이 너무 짧은 순간에 이루어지는 관계로 쉽지 않은데, 스윙의 몇 가지 기본 요소만 터득한다면 어렵지 않게 교정할 수 있다.

미국에서는 드라이버 샷driver shot이 반듯이 나가면 미라클 샷 miracle shot이라고 한단다. 그만큼 어렵다는 뜻인데 지금은 스윙의 기술과 장비가 개선되어 많이 향상되었다. 요즘은 초보자와 함께 라운딩에 나가면 깜짝 놀랄 정도로 미라클 샷이 나온다.

골프는 논리이고 과학이다

골프 치는 사람들 중에 흔히 말하는 '닭장 프로'라는 말이 있다. 구력이 10년, 20년 된 경력자 중 100타 주변에서 헤어나지 못하는 사람이 많다. 연습장에서는 잘 치는데 라운딩만 나가면 샷이 기대에 못 미치는 실력이 나온다는 데서 유래된 말이다. 이것은 논리와 과학의 개념이 없는 스윙 폼으로 연습한 결과이다.

필드에 나가면 환경이 달라지고 욕심도 생겨 불필요한 부분에 힘이 과도하게 들어가고, 또 공의 위치가 연습장처럼 한결같이 좋은 조건이 아니라 그런 현상이 나타날 수 있다. 하지만 보다 근본적인 원인은 논리와 과학적인 스윙 방법을 모르고 막연하게 연습한 결과이다. 간단한 논리와 과학적인 개념을 이해한 스윙 자세는 나의 스윙이 무엇이 좋고 나쁜가를 알 수 있어 발전이 빠르다.

가령 숫자를 짜 맞추는 스도쿠를 한다고 생각해 보자. 논리적인 근거로 하나의 숫자가 그 칸에 들어가서 숫자 하나하나를 맞추어 가면 전체가 풀리면서 재미도 있고 또 하고 싶은데, 처음부터 어렵다고 논리를 배제하고 막연히 어림잡아 숫자를 채워 넣으면 점점 꼬여 전체가 복잡하여 재미도 없고 짜증 나는 경험을 해보았을 것이다.

골프도 막연하게 가르쳐서는 안 된다. 잘 안 맞는 경우에는 논리와 과학이 제대로 작용하지 못한 것이고, 잘 맞아 똑바로 멀리 나가는 공은 명확한 논리와 과학이 작용한 것이다. 이것은 드라이버 샷, 페어웨이 우드 샷, 아이언 샷, 피칭 샷, 벙커 샷, 퍼팅 모두 적용된다. 이러한 논리와 과학적인 개념 없이 가르치고 배우니 그날 컨디션에 따라, 날씨에 따라, 동반자의 매너에 따라, 캐디에 따라 스코어가 춤을 추며 핑계거리만 생기는 것이다.

또 얼마간 쉬었다가 다시 하려면 옛날 샷은 온데간데없고 처음 시작하는 것처럼 안 맞는다. 자전거나 스키는 한번 배워 놓으면 자주 안 해도 큰 변화 없이 잘 되는데 골프는 연습을 조금만 게을리 하면 잘 안 된다. 골프 속담에 '하루를 연습하지 않으면 프로 자신이 알고, 이틀을 연습하지 않으면 캐디가 알고, 3일을 연습하지 않으면 모든 갤러리가 안다'는 말이 있을 정도로 골프는 연습량에 민감하다.

필자한테 기초를 배운 사람은 사정상 레슨을 중단하였다가 몇 개월, 심지어 몇 년 후에 다시 시작하여도 샷이 크게 달라지지 않아 깜짝 놀라는 경우가 있다. 이게 바로 논리와 과학의 스윙을 배운 결과이고, 80대 중반 스코어까지 어렵지 않게 나올 수 있는 비결이다.

스윙의 변화

세월이 흐르면 모든 것이 변화하고 발전하듯이, 골프의 스윙도 많이 변화하고 끝없이 발전하고 있다.

필자가 처음 골프를 시작할 때 배운 것 중에서 "백스윙back swing 시 오른발에 80%, 다운스윙down swing 시 왼발에 80%로 체중 이동. 백스윙 톱back swing top에서 클럽club의 평행 유지. 피니시finish 자세에서 클럽club 끝이 허리와 대각선. 헤드업head up 하지 말 것(임팩트 이후에도 한참 공이 놓여 있는 곳을 바라보고 있어야 한다는 뜻). 백스윙 시 오른팔이 꺾이듯이 임팩트impact 이후는 왼 팔꿈치는 대칭으로 꺾여야 한다" 등의 이론들이 있었는데 요즘에는 오히려 샷에 나쁜 영향을 미치는 것으로 판명되어 제한하고 있다.

그러나 이러한 흐름을 받아들이는 프로도 있고, 옛날 스윙을 금지옥엽처럼 여기는 프로도 있다. 이러니 골프 이론을 가지고 갑론을박하며 언쟁이 붙고, 어느 프로는 이런 내용의 레슨이 옳다 하고 다른 프로는 저렇게 레슨하는 것이 옳다고 하니, 배우는 사람은 어느 장단에 춤을 춰야 하는가?

유명 인사나 여성이 배우면 좀 일찍 시작한 분들이 아는 체하며 한

마디씩 가르쳐 주는 친절 때문에 동네 골프가 되어 실력이 늘지 않는 요인이 되기도 한다. 그러나 '머리와 하체 움직임을 최소화하고 왼쪽 어깨를 90° 이상 돌리고, 왼팔을 뻗어서 가슴과 양팔과의 삼각 구도 스윙 자세'는 지금까지 변하지 않고 오히려 더욱 강조되고 있다. 이것이 골프의 '영원한 진리'이다.

골프는 남녀노소 누구나 즐길 수 있는 좋은 운동이다.

주말 골퍼의 소원

　80년대 초만 해도 주중에는 한가했다. 한 번 입장하면 추가요금 없이 치고 싶은 대로 치던 시절이 있었다.
　그 당시, 어느 샐러리맨이 골프에 맛을 들였다. 직장을 다니다 보니 주말 골퍼로 토요일과 일요일에만 라운딩을 하므로 끝날 때면 항상 아쉬웠다. 자신도 한가한 주중에 싼 그린피를 지불하고 치고 싶은 대로 실컷 쳐보는 것을 소망하던 중, 어느 날 새벽 장인의 부음을 들었다.
　아내에게 먼저 처갓집에 가도록 조치하고 출근하여 상사에게 장인의 부음을 전하고 회사를 나와 '이때다!' 싶어 처갓집으로 가는 길 중간에 있는 골프장에 들러 그렇게 하고 싶었던 36홀을 하고 처갓집에 도착하니, 먼저 온 직장 상사며 동료 직원들이 의아하게 생각하며 기다리고 있는 것이 아닌가? 쏟아지는 질문에 난처할 수밖에….
　아마 주말에만 치는 샐러리맨 골퍼들은 이해하고도 남을 것이다.
　80년대 초반에는 근로자의 날을 연중행사로 손꼽아 기다렸다. 그 날은 평일 요금을 내고 무제한으로 마음껏 골프의 갈증을 풀었다. 그런데 어느 해부터인가 근로자의 날에도 휴일 요금을 내게 되었고 전국 골프장이 샐러리맨으로 가득 차면서 마음껏 라운딩하던 재미도 사라져 안타까운 일이 아닐 수 없다.

이제 골프는 누가 뭐래도 대중화가 되었다. 야구 경기를 보러 가는 관람객보다 운동을 위해 골프장을 찾는 사람들의 수가 3배나 많다. 그러나 국민의 건강 증진을 위하여 운동하는 것을 국가가 장려하는 것이 상식인데 수도권에는 운동하려는 국민에게 세금을 40%나 부과한다. 이러니 비싼 비용 때문에 낯설고 불편함을 감수하고 외국으로 나가 피땀 흘려 모은 외화를 낭비하게 되는 것이다. 이런 현상은 소탐대실이며 전형적인 근시안의 정책이고, 대선 때마다 등장하는 지켜지지 않는 공약이다. 그에 따른 국부 유출과 많은 문제점이 파생하는데도 애써 외면하고 있다.

올림픽 종목(2016년 하계 올림픽부터 정식 종목으로 채택)의 운동을 하는데 세금을 부과하는 나라가 있는가? 이치에 맞지 않는 불합리한 세금제도를 과감하게 정비하여 당장은 조금 부족해도 알뜰하고 효과적으로 집행하면 결국 국익이 될 것이다.

골프장도 캐디의 이용을 내장객이 필요 시만 선택하고, 카트대여료, 계절별 차등 요금제 등을 적절히 조정하여 내장객의 비용부담을 최소화하는 노력이 있어야 진정한 대중화로 국민의 사랑을 받는 스포츠가 될 것이다. 이렇게 국내 비용이 부담이 되어 해외로 나가는 내장객을

캐디 이용의 선택화, 카트대여료의 할인, 계절별 차등 요금제 등의 차별화가 필요하다.

유치하면 결국 골프장의 수익이 증대되고, 오히려 외국 골퍼가 우리나라에 골프를 치러 오도록 중지를 모아야 할 것이다.

"잘 노는 병사가 잘 싸운다"고 미국의 패튼 장군이 말했다. 또한 삼성전자를 세계적인 기업으로 성장시킨 故 이병철 회장은 "골프에 모든 해법이 있다"며 직원들에게 적극 권장하였다고 한다. 스포츠 정신으로 건전한 운동을 하는 국민이 건강한 사회와 국가를 만든다는 것이 나의 신념이다. 골프를 치는 것도 그 사람의 능력이고 잘 치는 것은 더 큰 능력이다.

2장 골프의 기본 자세

골프는 축이다.
머리를 축의 중심으로 척추를 세우고 왼발에 중심을 두며
하체의 움직임을 가능한 한 적게 하면 축의 흔들림을 최소화할 수 있다.
왼쪽 어깨를 충분히 돌려 꼬임을 만들고 그 꼬임을 풀며
가속시키는 것이 스윙의 원리다.
축의 견고함이 거리의 증대와 방향의 정확성을 보장한다.

준비 운동

　연습 시작 전 건강 증진과 부상 예방은 물론, 골프 스윙에 많은 도움이 되므로 아래 순서대로 꼭 실시하도록 한다.

❶ 골프채 1개를 어깨에 메고, 제자리 앉았다 일어섰다 15회 반복한다.
❷ 골프채 1개를 어깨에 메고, 어드레스 자세에서 가능한 힙을 고정하고 어깨를 좌우로 90° 회전하는 동작을 15회 반복한다.
❸ 골프채 1개를 만세 자세로 들고 상체를 좌우로 회전을 15회 반복한다.
❹ 두 손에 골프채를 들어 앞(눈높이)으로 뻗고 왼발을 두 걸음 앞으로 나아가 무릎을 직각으로 하고, 좌우로 회전을 15회 반복 후 발 바꿔 같은 동작을 한다.
❺ 바른 자세로 서서 목을 최대한 오른쪽으로 돌려 5초간 멈춘 후, 다시 최대한 왼쪽으로 돌려 5초간 멈추는 동작을 5~6회 반복한다.

준비 운동

대박골프

준비 Address 자세

- 양발을 어깨 너비로 벌리고 오른발은 직각, 왼발은 15° 오픈하여 평행으로 선다.
- 가슴과 허리를 쭉 펴고 머리를 약간 들어 머리와 허리, 힙까지 반듯한 자세를 유지한 채, 힙만 30° 정도 뒤로 빼고 양 무릎은 15° 정도 굽힌다.
- 어깨에 힘을 빼고 왼 팔꿈치는 펴고 오른 팔꿈치는 30° 정도 구부려 옆구리에 살짝 붙이면 오른쪽 어깨는 왼쪽 어깨보다 낮고 뒤로 된다.
- 그립의 끝과 배꼽 사이의 간격은 약 15cm 정도이다.
- 왼발에 체중을 80% 둔다.

좋은 준비 자세

오른쪽 옆구리가 빠진 나쁜 준비 자세

▌준비 자세

가슴을 펴고 바로 선다.

힙만 30° 뒤로 뺀다.

무릎을 살짝 구부린다.

등이 굽어진 나쁜 자세

그립Grip 이야기

　레슨의 명지도자는 그립을 먼저 살핀다. 자신의 의지와 기술이 그립을 통하여 공에 전달되기 때문이다.
　골프를 배우는 사람들은 프로로부터 '힘을 빼라'는 말을 수없이 듣는다. '힘 빼기 3년'이라는 말은 골프의 상식이 되었다.
　3류 지도자는 힘 빼라는 말만 하고 특급 지도자는 힘 빼라는 말 대신 그립을 정확히 잡도록 교정에 신경을 쓴다. 그립만 정확히 잡으면 불필요한 힘이 저절로 빠지기 때문이다.
　초보자는 프로가 그립을 정확히 잡도록 지도해 주면, 처음에는 불편하고 어색해서 공이 나가지 않을 것 같고 골프채가 빠질 것 같고 손 안에서 골프채가 돌아갈 것만 같은 느낌을 받는다. 그래서 지도하는 프로가 안 보이면 자기 나름대로 자세를 바꾼다. 그러면 손이 편하고 자유로워 공이 잘 맞는 것 같아 가르쳐 주는 대로 하지 않는다.
　필자는 집요하게 그립을 정상으로 교정해 주고 공을 치는 것보다는 빈 스윙을 하도록 지도한다. 그러면 점차 어색함도 감소되고 손에 익숙해지며 힘을 쓸 수 없는 형태로 변화한다. 힘을 쓸 수 없는 그립이 손에 익숙해져야 최초의 기초 단계가 완성되는 것이다.

처음부터 그립 잡는 법을 잘못 배워 비정상적으로 잡으니 힘도 안 빠지고, 연습장에 올 때마다 반창고만 손가락에 감는다. 이런 분은 3년이 아니라 10년이 돼도 힘이 안 빠지고 발전이 없다. 몇 년을 연습해도 80대 스코어에 진입하지 못하는 사람은 우선 그립부터 점검하고 정석 그립을 잡도록 해야 좋은 결과를 얻을 것이다.

한동안은 어색하고 불편하여 짜증도 나겠지만 각오해야 한다. 그래도 안 되는 경우는 처음부터 오른손을 그립에서 살짝 떼고 스윙하면 쉽게 고쳐진다. 필자는 처음 시작할 때 준비 운동 후에 왼손만으로 그립 한 채 50번 이상 스윙을 하도록 지도한다.

그립 끝은 2~3cm 짧게 잡아야 클럽 컨트롤이 좋아서 스윗 스팟 확률이 높아 굿 샷good shot이 된다. 생각 같아선 길게 잡으면 지렛대 원리대로 멀리 나갈 것 같은데 이것은 잘못된 상식이다.

■ 그립 잡는 손의 정확한 위치

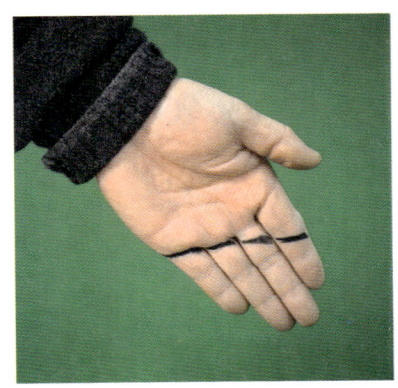
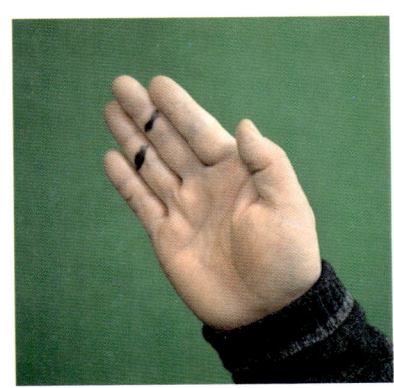

왼손　　　　　　　　　　　　오른손

테이크 백-백스윙 톱 Take Back-Back Swing Top

❶ 왼쪽 어깨로 백스윙을 시작한다.

❷ 클럽 페이스 면이 어드레스 때와 같이 목표 방향을 바라보듯이 9시까지 발끝 선을 따라간다(이 단계가 공의 방향을 결정한다).

❸ 왼발에 체중을 80% 이상 싣고, 힙이 우측으로 밀리지 않게 한다. 힙이 우측으로 1cm만 밀려도 스웨이sway(스윙 시 하체가 우측으로 움직이는 것)로 꼬임이 안 되고 축이 두 개로 변하여 뒤땅과 스웨이의 원인이 된다.

❹ 어깨는 힘을 빼면서 약간 낮추어 턱 밑으로 지나가야 하고, 왼팔은 쭉 펴고 오른 팔꿈치는 꺾어서 지면으로 향한 채 양팔은 배꼽 선을 지나 가슴 선 밑에서 콕킹cocking하고 그 다음은 왼쪽 어깨를 돌려 톱top을 만든다.

❺ 그립이 어깨선으로 올라갈 때쯤 왼손 엄지를 하늘로 향하도록 꺾어 주고 오른손 중지와 약지를 살짝 당겨주면 콕킹 자세가 형성되어 클럽이 지면과 수평에 가까운 형태가 된다. 이것이 백스윙 톱이다.

❻ 백스윙 톱의 올바른 자세는 넥타이를 매고 스윙한다면 넥타이 끝이 오른 발 밖에 늘어져야 한다. 가슴과 허리에 걸쳐지면 오른쪽 허리가 밀려 스웨이 상태다.

■ 테이크 백 시 클럽 페이스 방향이 공의 방향을 결정한다

바른 자세(곧장 나감)

열린 Take Back : 슬라이스 유발

닫힌 Take Back : 훅 유발

■ 발끝 선을 따라 테이크 백

바른 자세

잘못된 자세

■ 백스윙 톱에서 스윙 궤도

바른 자세

잘못된 자세

■ 백스윙에서 콕킹 상태

바른 상태

콕킹이 안 된 상태

▋백스윙 톱에서 손목의 형태

바른 상태

잘못된 상태

▋백스윙 톱에서 그립의 풀림

바른 자세

나쁜 자세

다운스윙 Down Swing

다운스윙 자세

❶ 백스윙 톱 자세에서 콕킹된 각을 풀지 않고 유지하면서 백스윙 시 꺾어진 오른 팔꿈치를 오른쪽 옆구리로 붙이며, 골프채 끝이 오른발 엄지로 향하도록 하고 왼쪽 어깨가 리드하며 내려와 오른쪽 옆구리에서부터 가속하여 임팩트로 이어지도록 한다.

❷ 콕킹이 빨리 풀어지는 원인은 백스윙 톱에서부터 공을 때리려는 성급함이 오른손에 힘이 많이 들어가 일어나는 것으로 레이트 히트late hit의 반대인 어얼리 히트early hit가 되어 뒤땅의 원인과 파워 감소로 나타난다.

❸ 톱 스윙top swing 자세에서 오른쪽 옆구리까지는 골프채가 중력으로 떨어진다는 느낌으로 내려와야 한다.

❹ 백스윙 톱에서 오른쪽 옆구리까지 내려오는 각이 예각(직각보다 작은 각)일수록 효과가 크다. 사진의 방법으로 많은 연습과 숙달이 요망된다.

❺ 힙을 좌측 15cm 정도 수평으로 이동하면 체중 이동의 효과가 있다.

■ 콕킹이 빨리 풀어지지 않도록 하는 연습 방법

임팩트 Impact

　골프의 핵심이고 '트루 모멘트 True moment'라고도 한다. 골프의 성패를 가늠하는 주요한 진실의 순간이기도 하다는 말이다.

　임팩트는 어드레스 자세의 재현이다. 즉 머리의 높이, 허리의 축, 왼발의 체중, 왼 팔꿈치의 뻗침, 오른 팔꿈치의 굽혀진 각도 등이 같고, 다만 힙이 좌측으로 15cm 정도 수평 이동과 오른쪽 어깨가 좀 낮아지는 것이 다를 뿐이다.

　임팩트에서 가장 중요한 것은 스윗 스팟 sweet spot이다. 클럽 페이스 club face의 정확한 각과 클럽의 중앙 지점에 공이 맞아야 방향이 좋고, 거리가 멀리 나가기 때문이다. 왼 팔꿈치와 손목이 꺾이면 안 된다. 이와 같이 중요한 임팩트에서 스윗 스팟에 맞추기 위해서는 특별한 연습 방법이 필요하다.

　공을 중심으로 골프 클럽 페이스에 맞는 간격으로 공을 두 개 놓고 가운데 공을 맞추는 연습이 필요하다. 이때 공 사이의 거리는 맞추는 공의 10cm 뒤와 공 앞 5cm 정도에 코인 등을 놓고 연습한다.

　공 뒤의 코인이 맞으면 다운스윙 시 코킹이 빨리 풀려 릴리스 각이 풀린 상태로 임팩트가 되는 원인이니 교정 연습을 하면서 공 뒤의 코인이 안 맞도록 하면 좋아진다. 공 앞 코인이 맞아서 공과 같이 목표로 나가면 스윙이 제대로 되는 것이다.

■ 임팩트 시 자세

좋은 자세   나쁜 자세

■ 임팩트 순간의 오른발 자세

바른 발 자세   틀린 발 자세

정확한 스윙 자세와 임팩트를 위해서는 사진과 같이 단계별 스윗 스팟의 확률을 높이는 단계별 연습이 중요하다.

- 1단계 : 짧은 티 앞에 클럽 페이스 길이보다 약간 밖에 공을 놓고 티만 맞추는 스윙 연습을 반복한다.
- 2단계 : 티를 중심으로 양쪽에 클럽 페이스에 약간의 공간을 두고 공을 놓고 티만 맞추는 스윙 연습을 반복한다.
- 3단계 : 2단계와 같은 방법에 코인을 10cm 뒤에 놓고 뒤의 코인을 맞추지 않도록 연습한다.
- 4단계 : 공 사이에 코인을 놓고 스윙간 코인이 맞아 공같이 목표 방향으로 날아가고 뒤 코인을 맞추지 않도록 연습한다.
- 5단계 : 뒤 코인을 점차 간격을 좁히며 연습한다. 공 2cm 정도까지 간격이 좁히면 좋은 임팩트 연습이 된다.
- 6단계 : 5단계에 추가로 20cm 정도 앞뒤로 공 하나씩 대각선으로 놓고 가상의 공만 맞추는 연습을 한다.
- 7단계 : 6단계에 실제 공을 놓고 같은 연습을 한다.
- 8단계 : 7단계에 공 앞 5cm 정도에 코인을 놓고 공과 코인이 목표 방향에 같이 날아가도록 연습한다.
- 9단계 : 8단계의 공 앞 코인 대신 10cm 정도 간격에 공을 놓고 스윙하여 2개의 공이 같은 방향과 높이로 날아가도록 연습한다.

이렇게 스윙 연습을 하면 정확한 스윙 궤도 연습과 콕킹이 일찍 풀려 뒤땅을 치는 오류를 제거하여 좋은 스윙 폼 형성과 스윗 스팟이 되는 임팩트가 되어 거리와 방향성이 매우 좋아져 큰 효과가 있다.

■ 단계별 연습 사진

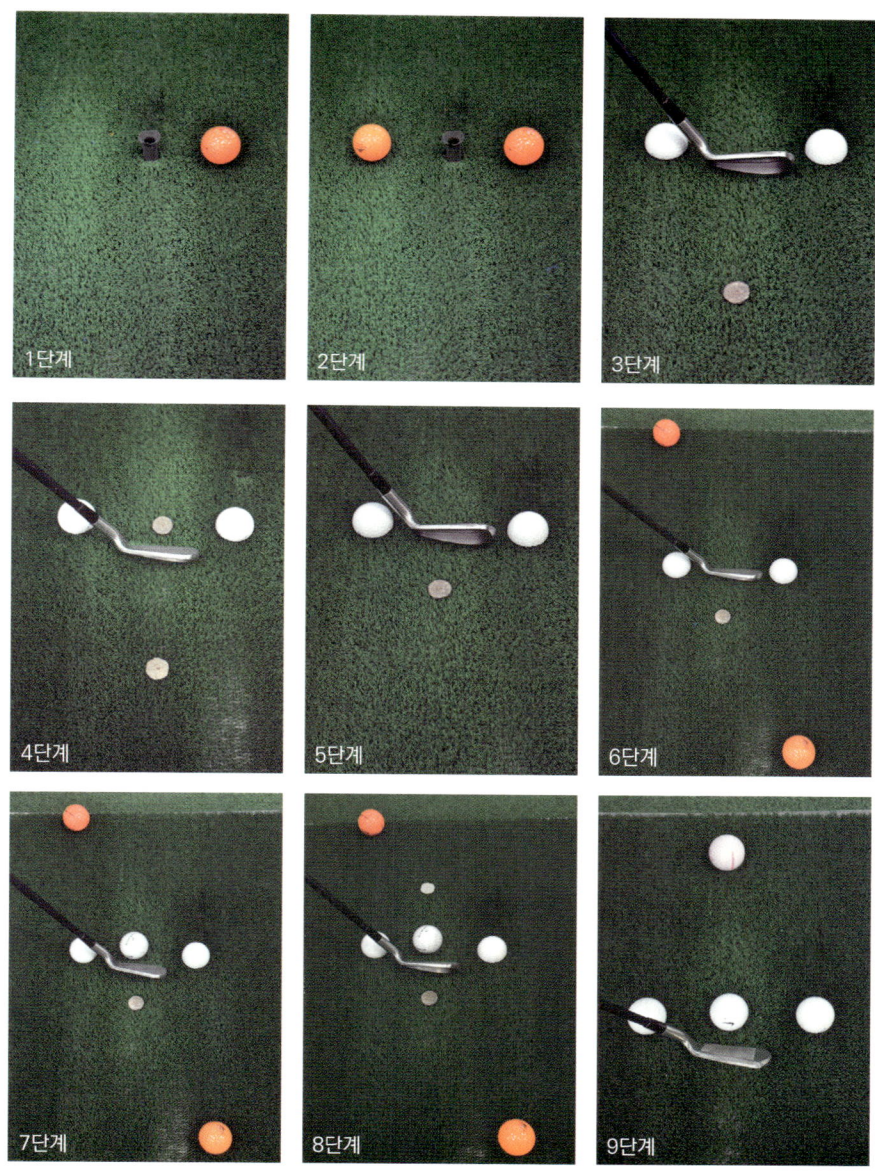

스윙 궤도 설명

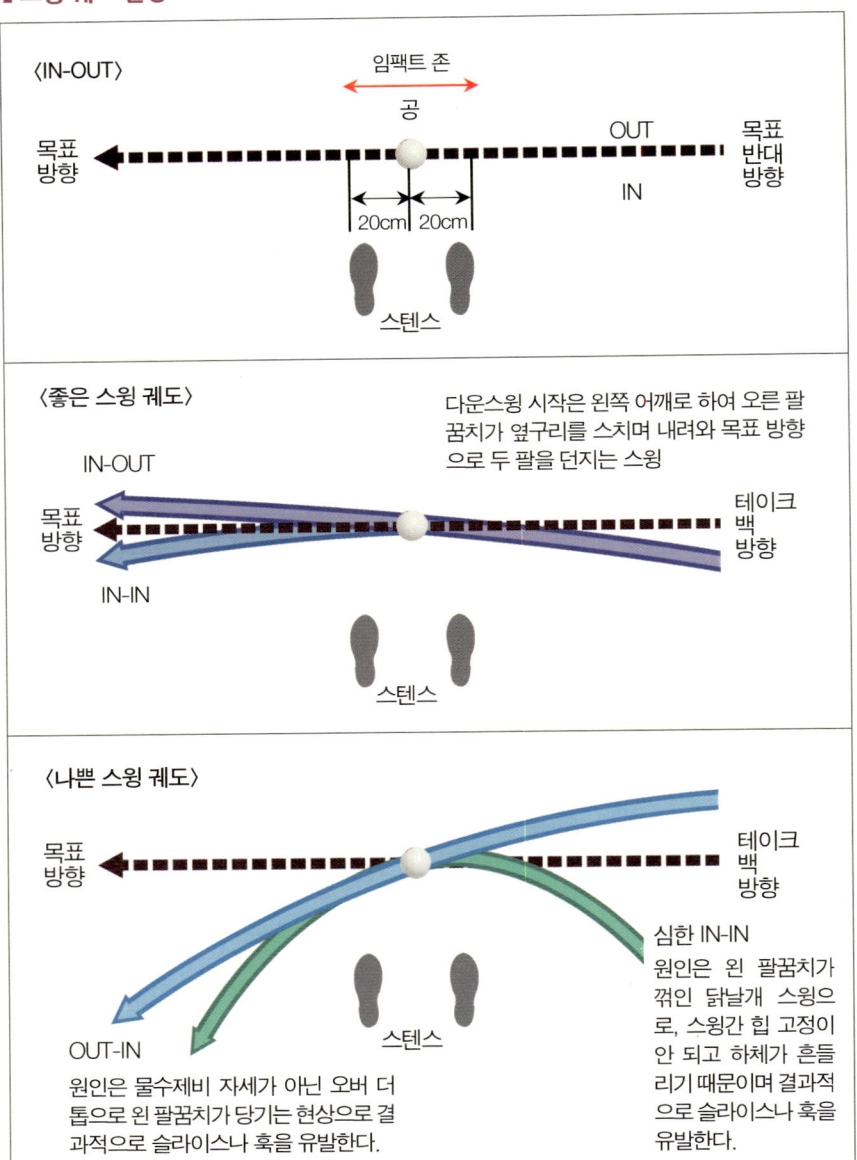

■ 공의 향방에 따른 설명

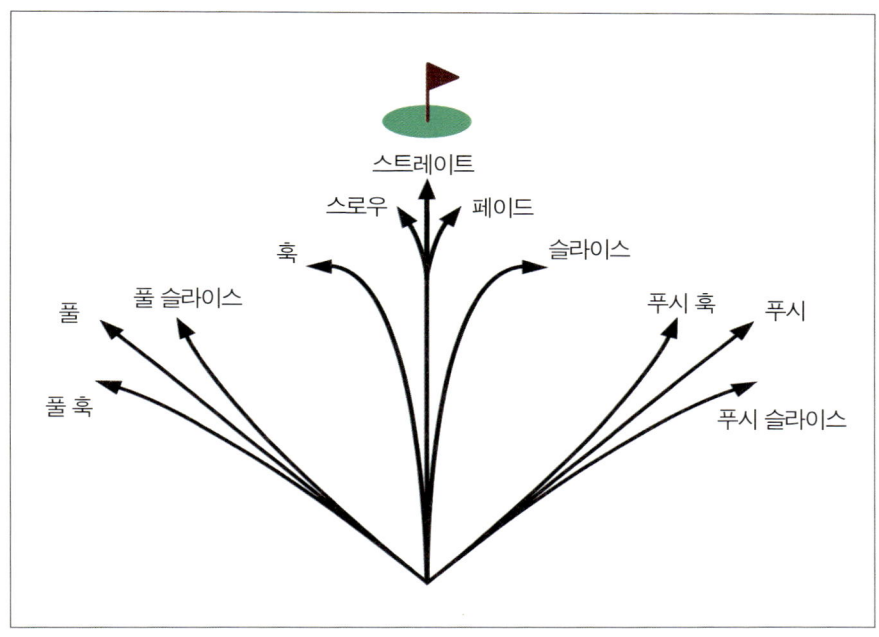

■ 어드레스 시 클럽 상태별 공의 방향

팔로우 스로우 Follow Through

- 임팩트 이후의 자세를 그대로 왼쪽 어깨까지 이어 Y자형으로 발끝 선을 따라 뻗어준다.
- 왼 손등은 뒤쪽으로 향하도록 하고, 왼손 엄지는 하늘을 가리키며 올라간다.
- 체중은 왼발에 80%를 유지하며, 오른쪽 발과 무릎을 왼발 무릎 쪽으로 가볍게 붙인다.
- 왼쪽 무릎의 각이 변하지 않도록 하고, 오른쪽 무릎은 꺾은 상태에서 왼쪽 무릎에 붙여준다.
- 시선은 공이 맞은 것을 본 후, 서서히 목표 방향으로 돌려 공의 궤적을 확인한다.
- 머리는 어드레스 자세보다 약간 뒤에 있어야 한다.

■ 팔로우 스로우 자세

바른 자세

나쁜 자세

바른 자세

나쁜 자세

왼손을 뻗는 팔로우 스로우 동작을 위하여 아래 단계로 연습하면 효과적이다.

■ **연습 방법**

1단계

왼손으로 팔로우 스로우 때는 오른발을 들고 연습

2단계 : 오른손을 거의 떼고 스윙 연습

피니시 Finish

　골프를 시작하려는 사람들 대부분은 TV에서 세계적인 프로들의 시원한 스윙 폼을 많이 보았기 때문에 어느새 그 동작이 잠재되어 있다. 그래서 멋진 피니시 동작을 빨리 휘두르고 싶어 하는 경우가 많다. 그러나 피니시 동작을 빨리 하는 경우 골프를 100% 망친다.

　피니시는 말 그대로 '마지막'이다. 마지막 동작은 자연스럽게 이어져야지 만들려고 하면 안 된다. 단계를 밟으면서 기본 스윙을 몸에 익히면 자연스런 피니시 동작이 나오기 마련이다.

　스윙 단계를 몸에 익히지 않고 피니시를 하게 되면 피니시보다 더 중요한 스윙 부분이 무너져 결국 골프가 어려워지고, 공이 안 맞아 고민하고 포기하는 원인이 된다.

　TV에 나오는 유명한 선수들의 아이언 샷 iron shot을 보면 거의 피니시를 하지 않고 팔로우 스로우에서, 즉 3/4

피니시 자세

스윙에서 끝내는 것을 볼 수 있다. 눈여겨보고 피니시의 허와 실이 무엇인지를 인식하기 바란다.

피니시를 하지 말라는 것이 아니라 충분한 단계를 밟아서 피니시가 이루어지도록 해야 흐트러지지 않는 균형 잡힌 샷이 된다는 말이다. 반대로 꼭 피니시를 해야 한다는 말도 아니다. 팔로우로 이어지는 자세 그대로 왼쪽 팔꿈치와 오른쪽 팔꿈치와의 간격을 그대로 유지하면서 왼쪽 어깨로 넘기면 된다. 달이 차면 만월이 되기 마련이다.

스윙은 궤도이다.
축을 중심으로 발끝 라인을 따라 왼쪽 겨드랑이를 조이며 안에서 밖으로(in to out) 스윙 궤도를 일정하게 익혀 나간다.

장타의 원리

　골프의 세 가지 즐거움三樂은 '내가 친 하얀 공이 목표 지점을 향해 푸른 초원을 시원하게 멀리 나가는 것'과 '라운딩 후 클럽하우스 온탕에 들어가 피로한 몸을 푹 담그고 오늘의 좋은 샷을 회상하며 흐뭇해 하는 것' 그리고 더운 날 '샤워 후 식당에서 동반자와 맥주로 갈증 난 목을 적시는 그 짜릿함'이라고 한다.

　골프의 3대 즐거움 중 1번에 해당하는 '장타'는 모든 골퍼들의 자존심이자 꿈이다. 이를 위해 오늘도 연습장에서는 많은 노력 속에서 좌절과 탄식, 그리고 희열이 교차되고 있다.

　골프는 코일Coil의 원리다. 몸을 꼬았다 풀면서 목표 방향으로 두 손과 골프채를 뻗어 던져주는 운동이다. 마치 용수철이나 활의 탄성의 원리와 같다. 장타는 어떻게 이 과정을 극대화시켜 임팩트 시 스윙 속도를 얼마나 빠르게 헤드head에 실어주느냐가 관건이다. 여기에는 스윙 자세와 근육, 그리고 운동 본능과 타이밍 등 여러 가지 요건의 조화가 필요한데 이것은 개인마다 다르다.

　어려서부터 골프와 유사한 운동을 하여 그 분야에 잘 단련된 사람과 운동을 전혀 안 한 사람과의 차이는 당연한데도 그것을 망각하고 '거리가 안 난다'고 짜증을 내는 사람이 있다. 또 비록 운동은 안 했지만 타고난 운동 신경이 잠재되어 있느냐 없느냐에 따라서도 다를 수가 있다.

하지만 골프는 자세가 좋고 꾸준히 연습하면 누구나 목표치의 90%까지는 도달할 수 있다. 꾸준한 노력 없이 무리하게 단기간에 장타를 치려다가 많은 사람들이 갈비뼈에 금이 가고, 팔꿈치와 어깨에 통증이 오는 경우도 많다. 급하게 한 공사는 곧 부실로 나타나며 더 큰 손실을 가져옴을 항상 명심해야 한다.

여자와 골프공은 부드럽게 살살 다뤄야 한다는 말이 있다. 즉, 여자와 골프공은 때리면 떠난다는 것을 잊으면 낭패를 보게 된다. 스윙의 기본기를 적용하여 부드럽게 스윙하면 공은 보내고자 하는 방향과 거리에 도착한다.

골프의 또 다른 三樂
- 一樂 : 18홀을 끝내고 락카룸으로 샤워하러 가는데 창밖을 보니 비가 쏟아진다.
- 二樂 : 따따불이 걸린 내기 홀인데 먼저 티샷 한 3명 모두 OB를 냈다.
- 三樂 : 비가 와서 앞 팀들은 라운딩을 포기하고 아쉽게 돌아가는데 나의 티 업 시간부터 비가 멈추고 흰 뭉게구름 사이로 파란 하늘이 보이며 눈부신 햇살이 내리쬐는 쾌청한 날씨에서 대통령 골프를 친다.

거리가 멀리 나가지 않는 이유

- 몸통의 꼬임이 없고 양팔을 들어 팔로만 치는 경우
- 지렛대 원리를 적용하지 못하는 닭날개 스윙
- 아웃에서 인으로 당겨지는 스윙 궤도의 오류
- 그립에 힘이 많이 들어가 스윙 스피드를 감소시키는 경우
- 체중 이동의 오류
- 다운스윙 시 콕킹이 일찍 풀려 레이트 히트가 안 되고 스윙 스피드를 가속시키지 못하는 경우
- 왼발의 강력한 받침이 없고, 머리가 목표 방향으로 따라 나가는 축의 붕괴
- 스윙 근육과 다리 근육이 약한 경우

▍잘못된 스윙 방법

백스윙 시 콕킹이 안 된 자세

닭날개 스윙

체중 이동 오류

헤드업 Head up의 정의

    헤드업은 영어 단어처럼 머리가 어드레스 자세보다 임팩트 시 더 올라가는 것이다. 머리가 올라간다는 것은 목이 길어지는 것이 아니라 무릎이 펴지거나 힘이 들어가 어깨가 올라가거나 굽혀졌던 허리가 펴져 일어나는 현상이니 이 원인만 알면 쉽게 고칠 수 있다.

    임팩트 시 공에서 눈을 빨리 떼는 것을 헤드업으로 잘못 인식해 "골프에서 만병은 헤드업"이란 이상한 풍조가 생겼다. 지금도 일부 가르치는 프로나 라운딩 시 캐디가 미스 샷이 되면 으레 "헤드업 했어요. 공을 안 보셨어요"라며 논리에 맞지 않는 틀린 말을 한다.

    필자는 공을 너무 의식하여 힘이 많이 들어가는 분에게 눈을 감고 스윙토록 하면 눈을 뜨고 하는 것보다 훨씬 잘 맞고 스윙 자세도 편안해지는 효과를 경험하고 있다. 머리의 높낮음은 임팩트에 영향을 미쳐 톱볼과 뒤땅의 주요 원인이니 머리, 즉 키 높이를 변화시키지 않고 임팩트 이후 공이 나가는 방향으로 자연스럽게 돌려줘야 오른쪽 어깨도 회전이 된다. 그런데 머리와 시선이 공이 있었던 곳에 요지부동하고 있으니 어깨 회전은 안 되어 다음 스윙 동작에 지장을 주고, 목이 아픈 해프닝이 벌어지는 것이다.

■ 어드레스 자세보다 백스윙이나 임팩트 시 머리가 올라가는 자세

3장

레슨에 관한 세부내용

골프는 뻗침이다.
축을 고정하고 왼팔을 쭉 뻗어 백스윙하고 뻗침 그대로 다운스윙하여
임팩트를 이어주고, 임팩트 이후는 왼팔과 오른팔을 최대한 목표 방향으로 쭉 펴서
던져준다. 근육도 늘어나고 실력도 늘어난다.
움츠리고 당기는 스윙은 발전이 없다.
목표를 향하여 클럽도 던지고 팔도 던지고 내 마음도 던져라!

레슨의 기본자세

골프도 학교에서 공부하는 것과 같다.

초등학교 때는 담임선생님 말씀에 따라 공부를 열심히 하기도 하고, 그 반대로 학교에 가기 싫어지기도 한다. 중·고등학교도 마찬가지다. 학과를 맡은 선생님에 따라 공부하는 태도와 성적이 달라지듯이 골프 역시 가르치는 선생님에 따라 크게 좌우된다.

주변에서 골프를 가르치는 프로들의 레슨 내용을 보면 실력이 향상되지 않으면 그 책임을 전가하는 말을 종종 듣는다.

"그렇게 얘기해도 안 되네요."

"운동신경이 없어요."

"머리가 좀 나쁜가 봐요."

"전혀 생각 없이 머리를 안 써요."

"금방 이야기했는데 또 잊어버려요."

"힘을 그렇게 빼라고 했는데도 못 빼고 있어요."

"헤드업을 하지 말라고 했는데도 안 돼요."

"스웨이와 왼팔을 꺾지 말라고 했는데도 계속 꺾고 있어요."

"구제 불능이에요."

심지어는 "생각 좀 하고 치세요!"라고도 한다.

이는 지도자로서 할 말이 아니다. 올바른 지도자는 배우는 사람의 단점을 어떻게 하면 장점으로 이끌 수 있는지 연구하여 가르쳐 주는 것이 주요 임무이다.

돈과 시간, 노력을 투자하는데 지도자한테 핀잔만 듣고 실력이 늘지 않아 스트레스를 받는다면 누가 연습장에 가고 싶겠는가? 지도자는 손으로 잡아주고, 정확한 보조 장비를 적절히 사용하여 알기 쉽게 이해시킨 후 직접 바른 자세를 보여주며 격려와 칭찬, 가능성을 적절히 부여해 주면 누구나 쉽게 골프에 재미를 느낄 것이다. 그래서 골프는 잘 치는 사람과 잘 가르치는 사람이 구분되는 것이다. 레슨은 기술이고 능력이다. 가르치는 사람의 능력과 기술에 따라 실력에 차이가 날 수밖에 없다.

지난 2011년 7월 말쯤 속초의 선밸리 콘도에 다녀왔다. 지인들과 함께 즐겁게 골프를 치고 저녁에 콘도 대강당에서 유명 가수들의 공연을 보게 되었다. 유명 남녀 가수가 열렬한 박수를 받으며 자신의 기량을 맘껏 뽐냈다. 그중 가수 송대관 씨가 나와 노래를 불렀는데 특히 인기가 좋았다. 노래 부르는 모습을 보니 다른 가수들에 비하여 표정과 몸놀림이 조금 달랐다. 손짓 하나 몸짓 하나하나를 조금 더 세련되게 표현하였다.

'아! 바로 저거다.'

골프 레슨에도 남과는 다른 손짓 하나, 몸짓 하나, 말씨 하나로 가늠할 수 있는 것이다. 지도자의 열의와 레슨 방법이 다른 지도자들에 비해 조금만 달라도 배우는 사람에게는 크게 와 닿을 것이다. 만약 이러한 방법을 모르는 지도자가 있다면 배워야 한다. 방법을 알고 있으면서도 행동으로 옮기지 않는다면 지도자의 자질이 없는 것이다. 지도자의 능력과 마음가짐에 따라 배우는 사람의 골프 인생이 좌우된다는 것을 잊지 말아야 한다.

지도자의 능력과 마음가짐에 따라 배우는 사람의 골프 인생이 좌우된다.

레슨의 지침

- 레슨은 정석의 폼을 단계별로 쉽게 이해시키는 것이 중요하다.
- 이해하면 시행하고, 어느 정도 몸에 배어서 실수가 없을 때까지 반복시킨다. 실수하면 원인과 대책을 꼭 집어 교정한다.
- 기간은 배우는 사람마다 차이가 있으므로 획일적으로 며칠간이라고 규정하지 말고 재미있고 알기 쉽게 연습시키며, 연습의 목표를 정하고 그 목표를 달성하면 다음 단계로 진행한다.
- 항상 자료를 보여주고 먼저 시범을 보인 후에 직접 해보도록 하고 실시간으로 교정해 준다. 레슨이 끝나면 아픈 데가 없는지 확인한다. 아픈 데가 있으면 아픈 이유를 설명하고 스윙 자세를 바로잡아 미리 아프지 않도록 한다. 즉, 손에 물집이 하나만 생겨도 잘못된 그립이 원인이다.

레슨의 포인트

필자가 가르치는 레슨의 주요 포인트.

- 양다리는 받침대 역할이다.
- 그립은 바나나 껍질이 터지지 않을 정도로 가볍게 쥔다.
- 백스윙과 다운스윙은 왼쪽 어깨로부터 시작하고 처음부터 왼쪽 발에 체중을 80% 이상 두고 왼발의 모양은 변화가 없도록 한다.
- 왼쪽 어깨의 턴은 90° 이상 한다(사진 1).
- 오른쪽 어깨는 물수제비 자세로(야구에서 언더 스로우식) 한다(사진 2).
- 왼팔은 힘을 뺀 뻗침 그대로 유지한다.

대박골프

- 스윙 궤도는 발끝 라인으로 한다(사진 ③).
- 다운스윙 시작은 상체 꼬임이 그대로 풀리는 수준으로 이어지며, 릴리스 각도를 양손이 허리춤까지 오도록 콕킹을 풀지 않고 내려와 허리부터 형성된 삼각형 구도를 왼쪽 어깨 높이까지 Y자 형태로 연결해 준다(사진 Ⓐ, Ⓑ).
- 스윙 간 양팔꿈치의 간격은 준비 자세와 똑같이 변화가 없도록 한다.
- 머리를 축의 기본으로 임팩트 이후 목표 방향으로 따라가지 않도록 한다.
- 모든 스윙에서 손목을 꺾으면 안 된다. 손목을 쓰는 것은 실수를 유발할 뿐 전혀 도움이 안 된다.

■ 스윙 궤도 up&down

바른 스윙 궤도(발끝 라인)

잘못된 스윙 궤도

잘못된 스윙 궤도

좋은 다운스윙 자세

나쁜 다운스윙 자세
(콕킹이 일찍 풀린 자세)

좋은 팔로우 스로우 자세

비교적 안정된 피니시 자세

닭날개 스윙

닭날개 스윙

단계별 스윙의 완성

시계의 시침을 기준하여 머리가 12시에 위치하고 6시에 공이 놓여 있다고 가정한 후, 스윙의 크기를 시침에 맞춰 단계별로 구분한다. 한 단계 내용을 충분히 습득하고 다음 단계로 이어 가는 것이 지름길이다.

1단계

2단계

■ 4단계로 구분하는 스윙 완성 내용

단 계	시간대별 스윙 폭	주요 스윙 내용
1단계 (사진 1)	9:00~15:00까지	· 스탠스 · 어드레스 자세 · 그립 · 테이크 어웨이 — 백스윙 톱 — 다운스윙 — 임팩트 — 팔로우 · 발끝 선 · 오른 어깨 물수제비 자세
2단계 (사진 2)	10:00~14:00까지	· 1단계 + 콕킹 자세 + 어깨회전 90° + 스피드 늘리기
3단계 (사진 3)	11:00~13:00까지	· 1, 2단계 + 힙 좌로 15cm 수평 이동. 스윙 크기 3/4
4단계 (사진 4)	풀 스윙(Full Swing)	· 1, 2, 3단계 + 두 팔과 손이 간격의 변화 없이 왼쪽 어깨로 넘어가는 자세

3단계

4단계

스윙을 완성하는 데는 여러 가지 방법이 있다. 신체적인 차이, 나이, 성별까지 감안해야 하는 복잡한 사항으로 가능한 쉽고 재미있게 가르치는 방법을 단계별로 구분하는 것이 이해도를 높이는 좋은 방법이다.

▌오른 어깨 물수제비 자세 연습 방법

단계별 스윙 세부 내용

■ 1단계

① 스탠스 간격
- 어깨 넓이를 기준으로 하고 클럽의 길이가 길면 좀 넓게, 짧으면 좀 좁게 한다.
- 오른발 직각, 왼발 15° 오픈, 왼발에 체중의 80%를 싣는다.

② 어드레스 자세
- 가슴을 펴고 힙을 뒤로 빼고 척추를 곧게 세우고 무릎을 15° 정도 굽힌다.
- 머리는 약간 들고 왼쪽 어깨에 비하여 오른쪽 어깨는 약간 낮고 뒤로 위치한다.
- 체중은 왼발에 두고 힙도 약간 왼쪽에 치우친다.

바른 어드레스 자세(허리를 곧추세움)　　잘못된 어드레스 자세(허리가 굽어짐)

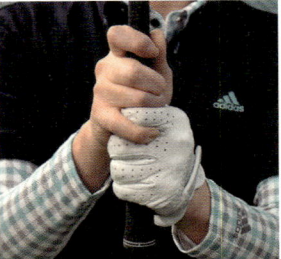
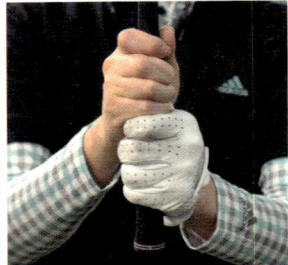

인터로킹 그립　　오버래핑 그립　　뉴트럴(베이스볼) 그립

③ 그립
- 그립의 종류에는 3가지가 있다.
- 오버래핑 그립, 인터로킹 그립, 뉴트럴 혹은 베이스볼 그립이 있는데 오버래핑과 인터로킹 그립을 많이 사용된다.
- 비교적 손이 작은 동양인에게는 인터로킹이 좋다.

※ 왼손
- 꽉 잡지 않는다. 꽉 잡으면 손, 팔, 어깨가 아프고 몸 전체가 경직된다.
- 왼손 새끼손가락 중심으로 약지와 중지만으로 가볍게 쥐되 손과 클럽이 일체감이 있어야 한다.
- 왼손 새끼손가락 안쪽 끝과 검지 둘째 마디에 대각선으로 잡는다.
- 엄지와 검지는 살짝 그립에 대는 수준이다. 엄지는 그립 정면에 자연스럽게 댄다.

※ 오른손
- 왼손 검지손가락을 살짝 벌리고 오른손 새끼손가락을 얕게 낀다.
- 중지와 약지 중간 매듭에 클럽을 댄다.
- 손바닥의 생명선이 왼손 엄지를 살짝 덮는다.
- 엄지와 검지가 이루는 각의 끝이 오른쪽 목을 향한다.
- 왼손과 오른손의 클럽이 일체감이 있도록 하고 전체에 힘을 뺀다.

④ 테이크 어웨이 – 백스윙 톱 – 다운스윙 – 임팩트 – 팔로우
- 테이크 어웨이는 왼쪽 어깨로부터 시작해 머리 상하 좌우로 움직이지 말고 왼발에 체중 80%를 계속 유지하며 힙을 고정한다. 왼팔은 펴고 오른쪽 팔꿈치는 굽혀서 9시까지 왼팔을 받친다.
- 다운스윙은 헤드 무게로 떨어뜨려 어드레스 자세로 다시 오고 임팩트 후 왼쪽 허리, 즉 3시까지 스윙을 연결한다.
- 스윙 궤도는 스탠스 양쪽 발끝 선을 따라 한다.
- 오른 팔꿈치는 백스윙에서는 지면을 향하도록 굽히고 임팩트 이후부터 가슴과 삼각형 관계를 이룬다.
- 오른쪽 어깨는 물수제비 자세로 왼쪽 팔꿈치는 계속 편다.
  ※ 물수제비 : 연못에 돌을 던져 물 위에서 통통 튀어 나가게 하는 놀이.

▌2단계

※ 1단계 스윙을 이해하고 숙달한 후

- 백스윙이 허리에서 올라간 10시 단계에서 왼손의 엄지손가락을 하늘을 향하게 하여 콕킹을 만든다.
- 축이 무너지지 않은 채 왼쪽 어깨를 90°로 턴한 후 콕킹을 풀지 않고 릴리스 각을 유지하며 다운스윙, 임팩트, 팔로우한다.
- 다운스윙 이후 서서히 스피드를 가속시켜 임팩트 직후가 최정점이 되도록 한다.

▌3단계

※ 1, 2단계 스윙을 이해하고 숙달한 후

3/4 스윙 사이즈

- 백스윙 시 만들어진 콕킹 자세를 유지하며 다운스윙으로 연결하여 임팩트가 되도록 하고 임팩트 시 스윙 속도를 가속시킨다.
- 임팩트 시 허리와 힙을 좌측으로 15cm 수평 이동한다.
- 오른발의 무릎을 왼발 무릎으로 수평 이동한다. 오른발 뒤꿈치를 들어 올리는 것이 아니라 왼쪽으로 지면에 수평으로 붙인다.
- 시선은 임팩트 이후에는 자연스

레 좌측에 형성되는 양손이 이루는 삼각형 형태를 확인한다.
- 오른쪽 어깨를 물수제비 자세 후 완전히 왼쪽으로 돌린다.
- 이 단계가 3/4 스윙이다.

▌4단계

※ 1, 2, 3단계 스윙을 이해하고 숙달한 후
- 양팔의 간격을 어드레스 자세로 유지한 채 스윙의 속도를 이어서 왼쪽 어깨로 넘긴다.
- 몸의 균형을 유지한다.
- 스윙의 리듬을 정립한다(slow slow quick).

어드레스와 스윙 시 신체별 주요 자세와 역할

신체 부위	자 세	역 할
머리	· 턱을 약간 들고 오른쪽으로 15° 정도 기운다. · 스윙 중 좌우 상하 전후로 움직임을 최소화 하고 무게 중심을 약간 뒤에 둔다.	· 스윙 축의 핵심
눈	· 턱을 약간 든 상태에서 공 우측을 내려본다.	· 스윙의 중심
가슴	· 양 어깨와 가슴을 편다.	· 몸의 균형 · 스윙 아크(arc) 크게
허 리	· 곧추세운다. · 좌우로 움직이지 않는다.	· 스윙 축
힙	· 뒤로 뺀 상태로 힙 부분에 힘을 주고 움직임을 최소화하고, 임팩트 시 좌로 15cm 정도 수평 이동한다.	· 스윙 축 · 회전
양 무릎	· 약 15° 정도 구부리고 어깨 너비 간격으로 벌린다. · 임팩트 이후 오른쪽 무릎은 왼쪽 무릎으로 다가간다.	· 축의 받침 · 체중 이동
오른발	· 어깨 너비로 벌리고 직각으로 선다. · 임팩트 이후 왼발 쪽으로 기울여준다.	· 축의 받침 · 체중 이동

신체 부위	자 세	역 할
왼발	· 발 안쪽에 체중의 80%를 싣고 15° 정도 오픈 한다. · 임팩트 후에도 그대로 안으로 버텨준다.	· 스윙 축의 핵심
오른팔	· 팔꿈치는 어드레스 시 25° 정도 꺾어 옆구리에 댄다. · 테이크 백 시 굽힌 상태로 왼팔을 받친다. · 다운스윙 시 굽힌 상태로 옆구리를 스친다. · 임팩트 후 팔꿈치를 펴서 왼팔과 삼각형을 만든다.	· 왼손 스윙 보조
왼팔	· 뻗친 그대로 백스윙 톱과, 임팩트, 팔로우 한다.	· 지렛대 · 원의 반지름
오른쪽 어깨	· 어드레스 시 왼쪽 어깨보다 약간 낮고 뒤쪽이다. · 임팩트 시 물수제비 자세를 만든다.	· 회전축
왼쪽 어깨	· 테이크 백을 이끌어 90° 이상 회전한다. · 다운스윙을 주도한다.	· 회전 핵심
오른손	· 중지와 약지의 중간 마디에 클럽을 위치하고 왼손을 받쳐준다. · 콕킹 시 클럽을 당겨준다.	· 왼손의 보조 · 콕킹 보조
왼손	· 새끼, 약지, 중지가 30% 힘으로 클럽을 잡는다. · 검지 중간 마디와 새끼손가락 첫마디와 대각선으로 잡는다. · 엄지는 클럽 중앙에 얹고 검지는 중지와 간격을 벌려 놓고 클럽을 밑에서 방아쇠를 당기듯 한다.	· 그립의 중추 · 스윙의 중추
손목	· 꺾지 말고 셋업 자세 그대로 유지한다.	· 방향, 거리 증가
호흡	· 셋업 후 폐의 공기를 90% 비운다. · 임팩트 시에 남은 10%를 내뿜는다.	· 집중력 강화 · 파워 증가

골프의 핵심

① 정확한 그립 잡는 방법과 힘 빼기

② 축 형성
머리, 척추, 왼발을 축으로 한다.

③ 어깨의 회전(큰 근육 : 몸통 스윙)
왼쪽 어깨로 테이크 백을 시작하여 꼬임을 만들고 그 꼬임을 풀어주는 동작.

④ 왼팔의 뻗침
축이 형성되고 큰 근육으로 상체 꼬임에 왼팔을 쭉 펴서 백스윙하고 뻗친 그대로 임팩트하고 팔로우까지 뻗침을 유지하면 '지렛대 원리의 스윙'이 되어 방향성이 정확하고 장타가 된다.

⑤ 오버 더 톱 Over the top
물수제비 자세가 아닌 다운스윙 시 오른쪽 어깨가 앞으로 나오는 현상이다. 임팩트 시 어드레스 자세가 아닌 몸이 열린 상태로 임팩트

가 되니 자연히 스윙 궤도가 밖에서 안으로 형성된다. 클럽 페이스가 열려 공이 깎여 맞아 슬라이스가 나고 거리가 감소된다. 또 허리와 힙이 빨리 열리고, 왼쪽 팔꿈치가 당겨지는 소위 '닭날개 스윙'이 유발되는 골프에서의 만병의 원인이 된다.

⑥ 다운스윙 시 릴리스 각 유지

백스윙 톱에서 이루어진 콕킹을 다운스윙 시작부터 허리까지 풀지 말고 릴리스 각을 유지한 채 내려와 오른쪽 허리부터 빠르게 스윙을 이어주는 자세가 골프의 비법이다.

이 스윙을 하느냐 못하느냐가 장타의 요소이기도 하고, 뒤땅 없이 공만 임팩트되고 공 앞에 디보트divot가 생기는, 흔히 말하는 프로 샷pro shot이 된다.

⑦ 체중의 이동

'장타를 치기 위해서는 체중의 이동이 중요하다.'

'장타를 치기 위해 스웨이가 되어서는 안 된다.'

이 두 가지는 장타를 날리는 데 있어 중요한 요소이다. 체중 이동을 잘못하면 바로 스웨이가 되어 장타가 안 된다.

테이크 백 시 오른발로 체중을 이동하면 대부분 스웨이 현상이 되는 잘못을 범하게 되므로 아예 처음부터 체중을 왼발에 둔다. 왼발은 거의 움직이지 않고 왼쪽 어깨를 회전하면 몸의 꼬임 현상이 극대화되어 정확성과 거리 향상에 효과가 크다.

좋은 예로, 활을 쏠 때 활을 지탱하는 왼손은 흔들림 없이 견고히 받치고 활줄을 잡아당겨야 장력이 강하게 형성되듯이, 스윙 시 왼발을 견고히 하고 활줄을 당기는 역할에 비유되는 왼쪽 어깨를 많이 돌릴수록 장력이 커져 멀리 나가는 것이다. 튼튼한 큰 나무 밑동에 고무줄을 매어 놓고 줄을 당겨야 장력이 크게 생긴다고 상상하자.

골프에서 '핸디캡 30에서 시작하여 핸디캡 30으로 끝난다'는 말은 바로 견고한 하체의 중요성을 강조한 말이다.

▌백스윙 시 왼팔의 자세

좋은 자세

나쁜 자세

스윙 연습 방법 종합

❶ 준비 운동 6개 항목을 한다.
❷ 어드레스 자세를 취한다.
❸ 체중은 왼발에 80% 두고 머리와 힙은 고정한다.
❹ 왼손에 클럽을 그립 중간 정도 잡고, 왼쪽 어깨로 테이크 백하여 9시 반에서 3시 반 사이의 빈 스윙을 50회 하며, 임팩트 이후 오른발을 살짝 든다.
❺ 오른손 중지와 약지의 중간 매듭만 살짝 그립에 대고 4번 동작을 왼팔과 함께 50회 스윙한다. 임팩트 이후 오른발을 살짝 들고 왼발로 중심과 체중을 유지한다.
❻ 백스윙 시 축의 움직임이 없고 몸의 꼬임이 느껴져야 한다.
❼ 백스윙 시 9시 반이 지난 시점부터 왼손 엄지에 힘을 빼고 하늘을 향하도록 하여 콕킹을 만든다.
❽ 콕킹된 엄지를 임팩트 직전까지 풀지 말고 임팩트에서 풀어 팔로우하고, 3시 반부터 백스윙과 대칭되도록 엄지가 하늘로 올라가도록 한다.
❾ 스윙의 동력은 양쪽 어깨다.
❿ 위와 같이 반복 연습하여 어깨 회전을 깊이 하면 스윙 폭이 4단계까지 완성된다.
⓫ 스윙은 거울을 보며 연습하여 바른 자세를 확인해야 흐트러지지 않는다.

오른팔과 오른발의 역할

　골프에서 왼팔의 뻗침과 왼발의 받침 역할이 주연이라면 오른팔과 오른발은 왼팔과 왼발을 받쳐주는 조연이다. 주연의 활약도 중요하지만 조연의 뒷받침 역할이 조화가 이루어져야 좋은 샷이 나온다.
　오른쪽 팔꿈치를 꺾어 오른쪽 옆구리에 붙여 테이크 백하고, 9시 방향 이후부터는 옆구리에서 떨어져 백스윙 톱에서 팔꿈치가 지면을 향한 자세로 왼팔을 받쳐준다.
　다운스윙에서도 역순으로 팔꿈치를 옆구리에 붙여서 스윙 궤도를 일정하게 이끌어 주는 역할이야말로 왼팔의 뻗침 못지않게 중요하다. 오른발은 백스윙 때 20% 힘으로 왼발을 받쳐주고, 임팩트 및 팔로우 스로우에서는 20% 힘을 더해주는 역할을 함으로써 하체의 견고함과 체중 이동의 효과를 극대화시킨다. 임팩트 시 오른쪽 무릎과 발을 왼쪽 무릎 쪽으로 살짝 밀어주는 역할도 파워와 방향에 크게 기여한다.

4장

라운딩에 필요한 내용

골프는 리듬이다.
'Slow Slow Quick'의 리듬이 중요하다.
백스윙도 천천히, 다운스윙도 천천히 시작하여 허리부터 가속시키는 스윙 템포다.
천천히 할 때와 빠르게 할 때를 구분한다.

꽃상여 이야기

　해맑은 5월, 햇살이 눈부시게 비치고 산들바람이 솔솔 불어오며 잔디는 잘 정돈되어 티 샷Tee Shot 지역에서는 상큼한 풀냄새와 꽃향기가 코를 자극하고, 주변 산에는 신록이 춤을 추는 그야말로 천국과 다를 바 없었다.

　가까운 친구들이 모여 라운딩을 하고 있는데 골프장 밖 멀지 않은 길을 따라 상여가 지나가고 있었다. 라운딩을 하는데 그중 한 명이 먼 발치의 상여 행렬을 향해 모자를 벗고 정중히 "안녕히 가십시오. 죄송합니다…" 하고 인사를 하는 것이 아닌가?

　일행이 상여의 주인공을 아느냐고 물으니, 사실은 자기의 큰형님인데 3일 전 갑자기 운명하셨다는 것이었다.

　"에이, 이 사람아! 그러면 말을 하고 라운딩을 취소했어야지!"

　"골프 약속은 그 전에 이루어진 것이고, 저로 인하여 라운딩이 취소되면 안 되잖아요…"라고 반문하여, 모두가 5월의 바람에 펄럭이는 상여의 만장을 바라보며 인사를 했다.

클럽의 선택

목표 방향으로 거리를 맞춰 공을 보내는데 어떤 클럽을 사용하면 좋은 결과를 얻을 수 있는가?

클럽 선택은 점수 관리에 많은 영향을 준다. par -4/5에서 티 샷을 할 때 꼭 드라이버를 사용하는 것은 아니다. 세계적인 선수들도 코스의 난이도와 바람, 거리 계산 등을 고려하여 아이언 클럽을 잡기도 한다. 티 샷에서 홀컵까지 클럽 선택은 지정이 아니라 자유다.

세컨드 샷second-shot도 공이 놓여 있는 상태에 따라 클럽을 선택해야 실수를 줄일 수 있다. 거리가 많이 남았다고 페어웨이 우드fairway wood나 롱 아이언long iron을 잡지 말고, 공이 놓여 있는 상태나 어드레스 위치를 감안해야 큰 실수를 줄여 좋은 결과를 얻을 수 있다. 일단 샷 조건이 나쁜 상태에서는 안전하게 벗어나는 샷을 하고, 상태가 좋은 곳에서는 거리에 맞는 클럽을 선택하는 것이 현명한 조치이다.

라운딩 시 보면, 종종 자신이 없어 첫 티 샷을 할 때 아이언이나 페어웨이 우드를 사용하여 티 샷을 하려는데 동반자가 한사코 드라이버를 잡도록 권유하여 마지못해 하면 어김없이 미스 샷이 나온다. 오히려 자신 있는 클럽을 잡도록 하는 것이 도움이 되는 조언일 것이다.

첫 티 샷에서 미스 샷은 그날의 라운딩에 악영향을 미친다. 필자의 경우는 초보자에게 3번째 홀까지는 아이언 5번으로 티 샷을 권유한다.

남의 티 샷에 클럽을 '이것 잡아라, 저것 잡아라' 하는 것은 규칙상 어드바이스advice에 해당하여 벌점 2타를 받게 된다. 초보자를 가르치는 프로가 동반한 경우라면 조언할 수 있지만 그 외의 동반자는 남의 클럽 선택에 간섭해서는 안 된다.

중급 골퍼까지는 아이언 3번이나 페어우드 3번은 연습이나 라운딩 시 사용하지 않는 것이 스윙 완성이나 스코어 향상에 도움이 된다. 능력 밖의 클럽을 잡고 연습하는 것은 오히려 마이너스다.

클럽은 여유 있게 잡는 게 좋다. 150m 거리를 아이언 5번을 잡아서 힘껏 치지 말고 아이언 4번을 잡고 넉넉하다는 마음으로 샷을 해야지 미스 샷이 없다. 아마추어 골퍼는 80%가 거리가 짧아 피칭 샷을 한 번 더 한다.

샤프트(Shaft)의 강도 표시
· X(Extra) : 가장 견고하다.
· S(Stiff) : 단단하다. (MS · 약간 단단하다)
· R(Regular) : 보통(표준)
· A(Average) : 좀 부드럽다.
· L(Ladies) : 부드럽다.
· W(Weak) : 더 부드럽다.

공의 위치

　라운딩 시 바람과 지면 상태에 따라 공을 띄워야 할 때와 낮게 보내야 할 경우가 있다. 앞바람이 불거나 나무 밑으로 낮게 보내야 할 경우, 또는 나무를 넘기기 위해서 공을 높이 띄워야 할 경우에 공의 위치가 영향을 미친다.

　피칭 웨지pitching wedge와 샌드 웨지sand wedge는 공을 스탠스 중앙에 놓고, 그 밖의 아이언 샷은 중앙에서 공 하나 정도 좌측, 우드 샷wood shot은 중앙에서 공 두 개 정도 좌측, 드라이버는 왼발 뒤꿈치 선에서 공 반 개 정도 안쪽에 놓는다. 이것은 일반적인 페어웨이 평지에서 공의 위치이다.

　내리막이나 오르막에서는 약간 우측에, 공을 높이 띄우려 할 때는 좌측에, 공을 낮게 보낼 때는 우측에 공을 위치시킨다. 오르막이나 내리막 경사에서 어드레스는 어깨를 경사지에 평행으로 하고 샷은 경사지에 따라 한다. 경사지에서 공의 위치는 약간 오른쪽에 두고 다음 원칙을 적용한다.

　① 목표가 오르막일 때
　훅hook 구질球質이니 오른쪽으로 방향을 잡고 공이 떠서 거리가 짧아진다.

② 목표가 내리막일 때
슬라이스 구질이니 왼쪽으로 방향을 잡고 공의 탄도가 낮아 많이 나간다.

③ 발보다 낮은 곳에 공 위치
슬라이스 구질이니 약간 왼쪽으로 방향을 잡는다.

④ 발보다 높은 곳에 공 위치
훅 구질이니 오른쪽으로 향하도록 하며 그립을 짧게 잡는다.

※ 약간 오른쪽이나 왼쪽의 방향 정도는 경사각에 따라 변하니 임의 조정한다. 경사지에서 가장 주의해야 할 스윙 포인트는 힘을 빼는 것, 무릎 각도에 변화를 주지 않는 것, 풀 스윙을 하지 말고 3/4 이상 크지 않게 하는 것, 기타 몸의 흔들림을 최소화하는 것, 그리고 남은 거리와 관계없이 가장 편하고 자신 있는 아이언 샷을 선택하는 것이다.

■ 공의 위치에 따른 현상(특히 피칭 샷에 적용)

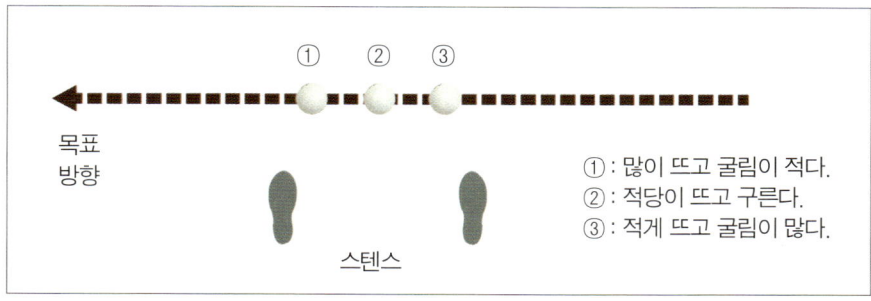

코스 공략법

어느 정도 초보를 벗어난 골퍼에게 적용되는 사항이다.

먼저 티 샷부터 홀의 코스를 읽는다. OB지역, 워터 해저드water-hazard, 숲 지역, 페어웨이 벙커fairway bunker, 그린 주변 벙커를 살피고, 어느 지역을 선점해야 다음 샷과 그린 공략에 좋은 조건인지 생각한다. 가능한 심리적 부담이 없는 지역으로 샷을 하는 것이 스코어 관리에 큰 도움이 된다.

예를 들면, OB지역이 오른쪽이라면 티 박스tee-box 오른쪽에서 티 샷을 왼쪽 방향으로 하고, 왼쪽에 위험지역이 있으면 반대로 왼쪽에서 오른쪽 방향으로 티 샷을 하면 안전하다. 그린 앞 오른쪽에 벙커가 있다면 다음 샷이 벙커를 크로스cross하는 방향으로 공이 가지 않도록 좌측으로 공을 보내 다음 샷이 유리하도록 플레이하는 것이 스코어에 큰 도움이 된다.

샷 하나를 잘못하여 낭패를 보는 경우가 많다. 치고 나서 후회하지 말고, 모험과 요행보다는 안전을 선택하는 것이 상책이다.

라운딩 시 방향을 잡는 요령

라운딩 시 흔히 범하기 쉬운 실수는 긴장하여 몸에 힘이 들어가 경직되는 것이다. 연습장에서는 잘 되던 샷이 필드에 나가면 잘 안 되는 경우가 있는데, 이것은 누구나 멀리 보내고 싶은 욕심과 잘 치려는 의욕이 앞서다 보니 자신도 모르게 몸에 힘이 들어가기 때문이다.

또 넓은 공간에서 방향을 잡는 것도 쉽지 않다. 초보자는 에이밍aiming이 거의 오른쪽으로 향하는 착시 현상이 발생한다. 이것을 바로잡는 방법은 공의 후방 5m 지점에서 보내고자 하는 목표 방향에 맞춰 에이밍을 한 후, 일직선으로 마음의 선을 긋고 공의 전후방 1m 지점에 눈으로 표시를 해둔다. 그 표시에 평행으로 스탠스를 서면 어드레스가 끝난다.

이때 휴대한 골프채를 스탠스 양발 끝에 가지런히 놓고 뒤로 가서 보면

클럽을 발끝에 놓고 목표 방향을 뒤에서 확인한다.

방향 설정이 정확한지 확인할 수 있다. 오차가 있을 경우엔 그 오차의 내용을 느끼며 다시 수정하여 에이밍을 한다. 플레이에 지장이 없는 범위에서 이런 방법으로 라운딩 때마다 점검하여 교정해 가면 방향성이 빠르게 개선된다.

■ 임팩트 구간의 클럽 헤드의 최저점

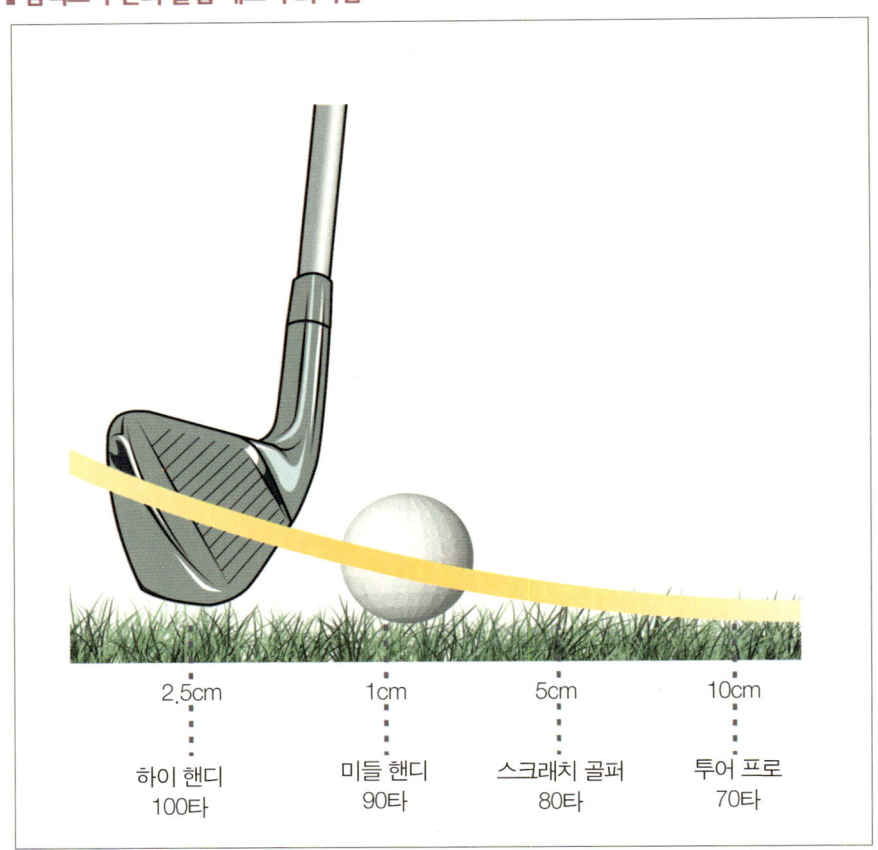

2.5cm / 1cm / 5cm / 10cm

하이 핸디 100타 / 미들 핸디 90타 / 스크래치 골퍼 80타 / 투어 프로 70타

6 피칭 샷 Pitching Shot

"연필이 길다고 공부를 잘하나? 몽당연필로도 점수만 잘 나오면 그만이지."

라운딩 중 많이 하는 말이다. 드라이버 거리를 적게 보낸 플레이어가 멀리 보낸 장타자에게 하는 말로, 그만큼 세컨드 샷의 정확성과 특히 쇼트 게임short game이 중요하다는 말이기도 하다.

막연한 스윙으로 거리를 맞추려니 오차가 발생한다. 명확한 스윙 사이즈swing size를 거리별로 정하여 피칭 웨지만 연습한다. 어프로치 샷approach shot은 피칭 웨지로만 사용하는 것이 혼돈이 없고 거리감이 정확해진다.

샌드 웨지나 52° 웨지 등은 거리의 혼돈 우려가 있고 피칭 웨지 샷보다 더 어려워 정확도가 반감된다. 공을 띄우려는 생각에 손목을 쓰는 게 오히려 토핑topping이 된다. 어드레스 자세의 손목의 각을 그대로 유지하여 거리별 스윙 폭을 이어준다.

그린 주변에서 공이 놓여 있는 상황에 따라 아이언 7, 8번과 퍼터putter 사용이 쉽고 큰 실수가 없어 좋은 결과를 얻을 수 있으나 충분한 연습과 라운딩 경험이 축적되어야 한다. 짧은 거리의 어프로치 샷은 사용할 클럽을 5~10cm 정도 짧게 잡으면 컨트롤이 좋아진다.
골프 원칙에 '띄우는 것보다 굴리는 것이 쉽다'는 말이 있다.

■ 피칭 샷과 러닝 어프로치 샷의 자세

좋은 자세

나쁜 자세

피칭 웨지의 시간대별 거리

어드레스를 12시에서 스윙한다고 가정하고 스탠스의 중앙, 즉 공을 6시에 두고 아래와 같이 시계 시침 폭으로 백스윙하여 팔로우하면 나가는 거리다.

- 7~5시 : 8m
- 8~4시 : 15m
- 9~3시 : 35m
- 10~2시 : 50m
- 11~1시 : 70m
- 풀 스윙 : 100m

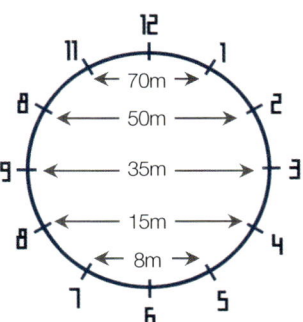

클럽 페이스의 각을 정상으로 놓고 평지에서 보통 남자 샷을 기준한 거리로 내리막, 오르막, 성별, 스윙 템포에 따라 적절히 감안하여 스윙 사이즈별 기준 거리를 알고 연습하면 큰 효과가 있다. 참고로 거리는 처음 공의 위치에서 공이 멈추는 곳까지이고, 스윙의 폭은 그립한 손의 높이가 아니라 클럽 헤드의 높이를 기준으로 한 것이다.

퍼터 Putter

　그립 방법에는 순그립과 역그립 두 가지로 대별된다.
　순그립은 왼손 새끼손가락으로부터 연결된 세 마디를 쥐고 검지는 빼고 엄지는 그립 중앙에 일자로 놓는다. 오른손은 새끼손가락으로부터 검지까지 왼손 중지에 연결하여 나란히 그립에 댄다. 엄지는 그립 중앙에 왼손 엄지와 나란히 놓고 뺀 왼손 검지를 오른손가락 네 마디 쪽에 길게 살짝 붙인다.
　역그립은 왼손이 밑으로 가고 왼손 새끼손가락과 오른손 검지가 깍지 끼우는 형태이고, 다른 것은 순그립과 같다. 두 가지 그립으로 퍼터를 연습해 보고, 그중 편하고 성공률이 높은 것을 선택한다.
　자세는 양발을 30cm로 벌려 11자형으로 서고, 힙은 45° 정도 뒤로 뺀다. 무릎은 15° 정도 굽히고 팔의 모양은 가슴과 오각형으로 하여 오른쪽 팔꿈치는 옆구리에 살짝 대고 왼쪽 팔꿈치는 목표 방향으로 향하도록 한다. 공은 왼쪽 눈 수직하에 놓고 발과 공과의 간격은 약 20cm이다.

■ 순그립과 역그립

순그립

순그립

역그립

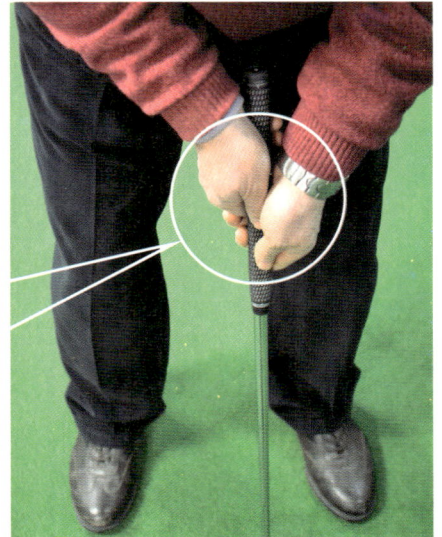
역그립

'그린을 읽는다'라는 말은 그린의 높낮이 경사를 파악한다는 말이다. 우선 그린을 향하여 가면서 20여m 남기고부터 그린을 이루는 지형을 살핀다. 그린 위쪽이 산세이면 자연히 경사는 위쪽이 높고, 좌측이 산세이면 좌측이 높고, 우측이 산세이면 우측이 높다.

그린에 올라가서 주변 경사를 살피고 공을 마크하여 공과 홀컵과의 경사를 관찰한다. 그리고 다시 반대 방향에 가서 홀컵에서 공과의 퍼팅 라인 putting line 상의 경사를 앉아서 관찰한다. 지면을 관찰할 때는 1m 높이가 가장 좋으니 앉아서 하는 것이 바람직하다.

퍼팅 방법은 양쪽 어깨를 시계추같이 하여 퍼팅하는 방법이 많이 소개되는데 득보다 실이 크다. 머리 움직임이 유발되고 거리감이 손보다 떨어진다. 좋은 방법은 왼발에 체중을 두고 머리와 몸을 움직이지 말고, 오른손잡이는 오른손으로 왼손잡이는 왼손을 주로 사용하여 3m 단위의 스윙을 익힌다. 오른발 엄지발가락까지 백스윙하면 3m 정도 간다. 6m는 3m의 배… 이런 식으로 거리별 백스윙 폭을 결정하고, 반드시 백스윙 폭보다 공을 밀고 나가는 팔로우가 좀 더 길어야 한다. 예를 들어, 20cm를 퍼터가 뒤로 이동하였다면 공이 있는 지점에서 25cm 정도 앞으로 나가야 한다.

가장 흔하게 범하는 나쁜 자세로는 오른쪽 어깨가 앞으로 나오면서 머리가 홀컵 방향으로 나가는 자세이다. 손목을 써서 공을 때리는 것이 아니라 그립한 손목 자세를 변화시키지 말고 날달걀을 깨트리지 않고 걷어 올린다는 느낌으로 밀어줘야 한다.

퍼터의 바닥 면은 지면과 일치하는 것이 좋다. 그린의 공은 마크하고 집어서 닦아 사용하고, 원위치할 때 공의 로고나 기타 표시로 보내고자 하는 방향에 맞춰 놓고 직각으로 퍼팅하면 도움이 된다. 홀에서 먼 위치의 공부터 퍼터하고 플레이어와 캐디만 그린에 있을 수 있다. 퍼터의 기준 타수는 2타이다.

큰 항아리에 넣는다고 생각하고 첫 번째 퍼팅을 편하고 부담 없이 하면 쉬워지는데, 1타로 끝내려는 욕심 때문에 생각이 많아져 몸이 경직되어 3, 4타로 이어진다. 집중을 한다고 공을 너무 오래 보지 말고 홀컵을 자주 보면 거리감이 좋아진다.

퍼터의 명언은 'never on never in'이다. 홀컵을 20~30cm 지나가도록 해야 좋다는 말이다. 세계적으로 유명한 프로 선수들의 퍼팅 수는 1.75이면 우승한다는 것을 감안하면 2퍼터의 중요성을 짐작할 것이다.

■ 퍼터의 올바른 방법(다른 클럽도 같음)

퍼터의 토우 부분이나 바로 앞이 그림처럼 올라와 있으면 공은 바르게 구르지 않는다.

퍼터는 골프장마다 빠르기가 다르고, 오전과 오후가 다르며, 물에 젖었을 때와 말랐을 때가 다르다. 같은 골프장도 오늘과 내일이 다르다. 퍼터의 연습 방법은 다양하나 필자가 권하는 방법은 사진과 같다.

■ **퍼터 연습 방법**

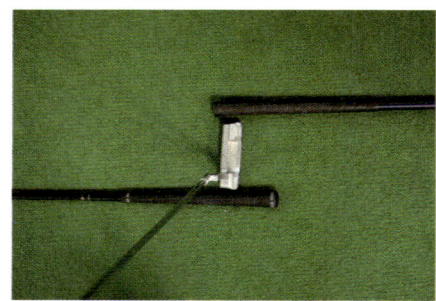

준비 자세　　　　　　　　　　　백스윙

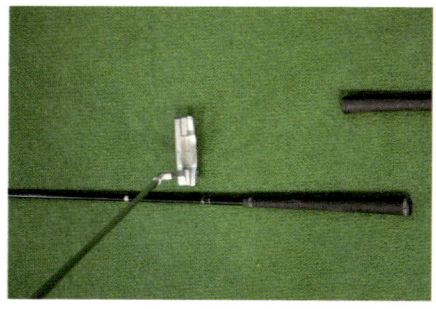

퍼터의 사이즈에 맞게 클럽을 사진처럼 2개 교차하게 놓고 퍼터가 반듯이 다닐 수 있도록 연습한다.

팔로우 스로우

벙커 샷 Bunker Shot

어드레스 시 양발을 모래 깊이 밟아 받침을 견고히 하고 발이 모래에 들어간 만큼 클럽을 짧게 잡는 것이 벙커 샷의 기본이다. 하체의 상하 좌우 움직임을 최소화하고 힘을 빼고 3/4 스윙을 한다.

① 크로스 벙커 Cross Bunker, 페어웨이 벙커 Fairway Bunker

벙커에 공이 놓여 있는 상태와 벙커 턱의 높이, 보내고자 하는 거리를 감안하여 클럽을 선택한다. 특히 하체의 상하 움직임을 최소화하고 3/4 스윙으로 임팩트 시 공을 먼저 맞추는 페어웨이에서의 임팩트와 같은 개념이다.

② 그린 주변 벙커

벙커에 공이 놓여 있는 위치와 상태, 벙커 턱의 높이, 남은 거리를 감안하여 퍼터로부터 다양한 클럽을 선택한다. 벙커라고 해서 꼭 샌드 웨지만 사용하는 것은 아니다. 그린 홀까지의 거리가 20m 이내일 때는 샌드 웨지를, 20m 이상일 때는 피칭 웨지나 9번 아이언이 좋고, 벙커 언저리에 공이 있고 턱은 없고 그린이 연결된 상태라면 퍼터나

샌드 웨지 벙커 샷은 폭파 샷이다.

7번 아이언 사용도 좋은 방법이다.

그린 주변에서 일반적인 샌드 웨지로의 벙커 샷은 폭파 샷이다. 공의 뒤 모래를 찍으면 공이 튀어 오른다는 의미이다. 무릎을 쓰지 않고 가볍게 스윙하여 공 밑 부분의 모래를 내려찍는다는 개념으로 스윙하되 꼭 팔로우를 해줘야 한다. 클럽 페이스는 벙커 턱의 높이와 보내는 거리와 공이 놓여 있는 상황에 따라 오픈 정도가 다르다.

턱이 높고, 거리가 짧고, 공이 놓인 상태가 좋을 때는 클럽 페이스를 충분히 오픈 하고, 턱이 얕고 거리가 길고 공이 모래 속에 묻혀 있는 정도에 따라 클럽 페이스를 닫아준다.

스윙의 폭은 9시 반 정도로 하고, 젖은 모래일 때는 더욱 부드럽게 스윙한다. 주의할 점은 클럽이나 손이 모래에 닿으면 2벌타이므로 스윙을 연습할 때 모래에 닿지 않도록 하고, 샷이 끝나면 벙커의 자국을 원상 복구한다.

트러블 샷 Trouble Shot

    트러블 샷은 페어웨이가 아닌 지역, 즉 러프, 벙커, 나무 밑, 나무 사이, 내리막, 오르막 경사지 등 쉽지 않은 곳에서 샷을 해야 하는 경우를 말한다. 이런 샷은 누구나 긴장하고 경직되어 자신도 모르게 힘이 들어간다. 그러므로 우선 어깨, 팔, 손부터 힘을 빼고 무릎을 상하 좌우로 변화를 주지 말고 풀 스윙full swing보다 적은 3/4 스윙을 하여 우선 위기에서 안전한 곳으로 탈출한다는 생각으로 샷을 해야 한다.

    요행을 기대했다가 낭패를 보기 쉬우며, 1타만 손해 보면 되는 것을 3~4타의 대량 실수가 나오는 경우가 많다는 것을 명심해야 한다.

    미국 PGA에서 활동하는 세계적인 선수 나상욱 프로도 작년 공식 경기에서 숲속에 들어간 트러블 샷을 잘못하여 그 홀에서 16타를 친 일이 있다.

심리 극복 방법

흔히 골프는 '멘탈 게임Mental Game'이라고 한다. 즉, 심리적인 영향을 많이 받는 운동이라는 말이다.

잘 치다가도 앞에 워터 해저드만 있으면 공을 꼭 물에 빠뜨리는 사람이 있고, 어느 코스에서 슬라이스로 OB가 난 경우 그 다음에 같은 코스에서 또다시 슬라이스로 OB를 낸다. 또 유독 심하게 못 친 경험이 있었던 홀은 다음에도 아니나 다를까 타수가 형편없는 경우도 있다.

먼저 친 동반자의 드라이버가 멀리 나갔거나 par3홀에서 핀pin에 가까이 온 그린on green되면 그 뒤에 치는 플레이어는 대부분 실수를 한다. 그리고 퍼팅에서도 먼 곳에 위치한 동반자의 공이 홀컵에 들어가면 가까운 곳에 있던 동반자의 퍼터는 실수한다.

왜 그럴까? 여러 가지 원인이 있겠지만 심리적인 요소가 많이 작용하는 것이 분명하다. 생각이 복잡하고 잘 안될 것이라는 불안심리가 많아져서 본인도 모르게 무의식적으로 몸이 경직되고 힘이 들어가기 때문이다. 극복하는 방법은 트러블 샷에서 적용하는 '힘을 빼고 가능한 한 편안하고 단순한 마음'으로 기본 스윙에 충실하도록 하는 것이다.

'골프는 단순 무식하게 하라!'라는 교훈처럼 평상시 본인의 스윙을 한다는 마음으로 긍정적인 '이미지 스윙'을 권한다. 즉 셋업 자세 전에 공에서부터 목표를 에이밍한 뒤 머릿속으로 '이렇게 스윙하면 공이 목표선을 따라 포물선을 그리며 목표 지점에 떨어질 것이다'라고 미리 공의 궤적을 상상하고 샷을 하면 좋은 결과가 나온다.

복잡하고 부정적인 생각은 나쁜 결과를 낳고, 기본에 충실하고 긍정적인 생각은 성공을 보장한다. 차분하고 담담한 강심장을 키우는 것도 스윙의 외적인 좋은 기술이다.

골프는 멘탈 게임이다.

"이길 수 있다는 자신감이 나를 이기게 한다." (잭 니클라우스)

매너 Manner

골프는 신사 숙녀가 품위 있고 멋있게 즐길 수 있는 운동이다.

매너는 거창한 요구가 아니다. 동반자의 품위에 손상이 가지 않는 언행과 전체 경기 진행에 지장을 주지 않고, 룰과 매너를 지키며 조금이라도 베풀면 좋은 매너인 것이다.

아래 내용은 경기에 대한 주요 매너에 관한 설명이다.

골프장 가는 길은 여유롭고 즐거워야 한다. 가능한 한 동반자와 함께 오갈 때 즐거움이 배가된다. 클럽 하우스에는 최저 30분 전에 도착하고, 티잉 그라운드 teeing ground에는 10분 전에 도착한다. 클럽 하우스 출입 복장은 점퍼나 셔츠 차림보다는 정장류의 재킷이 품위가 있다.

라운딩 복장은 모자를 쓰고, 옷깃이 있는 셔츠를 입고, 벨트를 하고, 셔츠 끝은 바지에 단정하게 넣는 것이 스윙하기도 좋고 보기에도 좋다. 바지 밑단을 양말에 넣거나 타월을 허리에 차고 다니는 것은 삼간다. 복장은 화려한 원색이 자연에 잘 어울리고, 가볍게 입는 것이 스윙에 좋으며 아직까지 우리나라에서는 청바지나 반바지는 보기에 민망하므로 피하는 것이 좋다.

산만한 분위기는 경기에 악영향을 미치니 정숙하는 것이 좋다. 라운딩 시에는 빨리 걷고 연습 스윙을 2회 이상 하지 말며, 동반자가 샷 하는데 걷지 말고, 시야에서 멀리 비켜 서 있어야 한다. 다른 플레이어의 좋은 샷에는 "굿 샷!"이라고 격려해 주고, 그린에 도착하면 자기 공 위치에 본인이 마크하고, 진행이 느슨하지 않도록 퍼팅한다.

매 홀이 끝나면 본인의 스코어를 동반자에게 들리도록 캐디에게 알려준다. 미스 샷 책임을 도우

골프를 잘 치면 선망의 대상이고, 매너와 에티켓이 좋으면 존경의 대상이다.

미나 동반자에게 전가하고 평계를 대는 것은 좋은 모습이 아니다. 경기 결과는 플레이어 자신의 책임이다. 모두가 즐거운 마음으로 플레이가 원만히 이루어지도록 협조해야 하고, 플레이가 잘 안 된다고 짜증을 내거나 동반자에게 부담이나 스트레스를 주는 언행을 삼간다.

"골프를 잘 치면 선망의 대상이고, 매너와 에티켓이 좋으면 존경의 대상이다."

매너 이야기

　골프는 다른 스포츠와 마찬가지로 룰은 있으나 심판이 없다. 그만큼 룰을 적용하여 신사적으로 게임을 하도록 배려한 것이다. 심판이 없다지만 본인을 포함한 4명이 심판도 겸하고 있다고 볼 수 있다.
　골프를 칠 때 눈은 곱하기 2라고 한다. 4명이 치면 눈은 8개가 아니라 16개라는 말이다. 심판은 안 해도 타인의 플레이 내용을 다 보고 있다는 뜻이다.
　보통 아마추어들은 간단한 내기를 하면서 '퍼터는 한 클럽 이내 give 또는 OK, 기타 노 터치 no touch' 등 나름의 규칙을 만들기 마련이다.
　지방에 근무할 때 그 지역 기관장님들과 라운딩할 기회가 있었다. 그런데 그날 기관장님께서는 원 퍼터 one putter가 훨씬 넘는 상당한 거리에서도 본인이 "이것은 OK!" 하고, 공을 집는 것도 아니고 다시 퍼팅 자세를 취하며 신중하게 퍼팅한 후 안 들어가면 캐디에게 "이것은 OK였어!" 하는 것이 아닌가. 페어웨이나 벙커에서 공을 터치하여 치기 좋은 데로 옮겨놓기를 매번 하고…. 라운딩에서 공 터치만 안 해도 80%의 매너 점수를 딴다는 말이 실감이 갔다.
　기관의 장은 우리 사회의 지도자이다. 사회의 지도자가 규정된 룰을 자기 임의로 어긴다면 이 사회는 어떻게 되겠는가? 라운딩을 끝내고 씁쓸한 기분으로 하늘을 처다보며 기관의 규칙이나 국가의 법은 누구나 마땅히 지켜야 할 룰인데 저렇게 아전인수 격으로 처리하고 어기겠구나 하고 생각하니 라운딩이 몹시 개운치 않았다.

골프는 18홀이 끝나면 그 사람의 정직성과 도덕성 등 인격과 성품이 고스란히 나타난다고 한다. 80년대의 우리 사회 지도자들의 자화상이 아닌가 싶다.

그리고 몇 년 후 서울에서 일본인 세 명과 라운딩할 기회가 있었다. 일본인들의 플레이는 엄격함 그 자체였다. 조용한 분위기에서 퍼터는 기브give 없고, 매번 샷을 절대 터치 없고 자기 스코어를 정확히 캐디와 동반자에게 알려주고 내기의 돈도 끝까지 정확히 계산했다. 라운딩을 마치고 나니 신선한 감동이 밀려들었다. 일본의 국격까지 높아 보이고 일본의 사회 수준과 질서가 보이는 듯했다.

그 여운은 오래 간직할 수밖에 없는 추억이 되었다. 나도 저렇게 국내에서는 물론 외국에 가서도 품위 있는 깨끗한 매너 플레이를 하고, 교육을 시켜 품위 있는 골퍼가 되도록 일조해야겠다고 다짐했다.

14 안전에 주의

　골프장에서 "전직 대통령 ○○○ 와 골프 공은 어디로 튈지 모른다"는 말을 자주한다. 그만큼 골프는 의외성이 많아 잘 치는 사람도 실수를 하는데, 하물며 초보자는 더욱 주의해야 한다. 플레이를 할 때 안전에 유의하지 않으면 종종 사고가 난다.

　앞 팀과의 적정 간격을 유지하고, 같은 팀의 플레이에서도 조심해야 한다. 공을 치기 전에 항상 앞뒤 주변을 살피는 것을 잊지 말아야 한다. 동반자가 샷을 하기 전에 무리하게 앞서 나가지 않도록 하고, 특히 티잉 그라운드에서 연습 스윙을 할 때 동반자에게 향하지 않도록 주의해야 한다. 카트cart 이용 시도 안전에 유의해야 한다.

　골프를 못 치는 것은 연습하면 되지만 사고로 인한 불상사는 치명적일 수가 있다. 스스로 안전 의식을 갖고 주의하며 건강하고 즐거운 라운딩을 할 수 있도록 각별한 주의가 요망된다.

만남의 광장 유감

    90년대 중반까지만 해도 서울시 서초구 원지동에 위치한 경부고속도로 만남의 광장에는 넓은 주차장이 있어서 라운딩을 갈 때 그곳에 주차를 해놓고 차 한 대를 이용하여 오가곤 하였다. 이렇게 하니 교통이 여간 편한 게 아니었다.

    차 4대로 가야 할 것을 1대로 가니 연료와 통행료 절감뿐 아니라 골프장의 주차장도 여유롭고 교통량도 줄어서 그에 따른 사고율도 줄었을 것이다. 또한 일정한 장소에서 만나서 가니 모르는 길도 쉽게 갈 수 있고 오가며 나누는 대화도 즐거워서 자주 애용하였다. 그런데 어느 날 저녁 9시 뉴스 고발 프로에 고속도로 만남의 광장에서 골프를 치러 가는 차량이 골프 백을 옮겨 싣는 장면을 보여주며 요즘 이런 일이 자주 있다며 부정적인 방향으로 보도하였다.

    개인적으로나 국가 차원에서 볼 때, 같은 곳을 여러 차량이 다녀 발생하는 불필요한 낭비를 줄이는 좋은 방법으로 만남의 광장 주차장을 넓게 만들었다고 생각했는데…. 나만의 착각이었을까? 조만간 주차장을 없애고 지금과 같은 편리성을 없애버리지 않을까 하는 우려와 골프 치는 국민만 이용하는 것이 아니라 타 목적의 이용자도 불필요한 낭비를 줄이고 편리하게 사용하는 것이 목적이라고 관계 기관이 당위성을 설명하며 그대로 유지하겠지 싶어서 내심 기대하였다.

    그러나 한편 요즘 무슨 현안이 방송에 나오기만 하면 정책을 충분히 검토하지도 않고 방송국에서 의도한 대로 정책을 변경해 버리는 경향이 많아 걱정하기도 했다. 그러나 아니나 다를까? 얼마 후 만남의 광장에 가보니 장기 주차장을 완전히 폐쇄해 버렸다. 그 후부터는 어쩔 수 없이 각자 차량으로 골프장을 다니고 있다.

GOLF
5장

대박
라운딩
에피소드

골프는 스윙이다.
운동신경에 크게 영향을 받지 않고 남녀노소 누구나 스윙만 정석으로 연마하면 잘 칠 수 있는 것이 골프다.
걷기만 하면 할 수 있는 것이 골프이다.
스포츠는 폼이다. 특히 골프는 폼생폼사다.
폼이 좋아야 보기도 좋고 건강도 좋고 스코어도 좋다.

골프의 정석은 논리와 과학임을 입증!

* 다음은 골프 대박을 터뜨린 수많은 회원 중 몇 분을 선정해서 소개하고자 한다. 실력도 빠르게 향상되고 건강이 좋아지며 스윙 폼도 우아하고 보기에도 좋은 스윙이야말로 필자가 자랑하는 진정한 골프 대박으로 소중한 보람이자 자랑이다. (이 장에 나오는 모든 분들은 프라이버시상 가명을 사용했음을 밝힌다.)

이 장에서 소개되는 13명 중 12명은 논리와 과학의 개념으로 필자가 직접 가르친 분이고, 1명은 필자의 연습장 소속의 프로가 그 나름의 방법으로 가르친 회원의 라운딩 에피소드이다.

이는 골프 실력이 가르치는 사람의 능력에 따라 얼마나 차이가 나는가를 알려주는 좋은 예로, 필자에게 3개월 이상 배운 분은 성별, 나이, 운동신경 유무에 관계없이 잘 치고 있다. 이를 통해 골프는 경륜이 중요한 것이 아니라 '논리와 과학'의 골프 정석을 배워 익혔는가가 얼마나 중요한지 알 수 있을 것이다.

아무리 좋은 골프라도 너무 무리하면 어깨와 팔에 통증이 올 수 있어 스윙 연습에 걸림돌이 된다. 예민한 운동이라 신체 어느 부분이 조금이라도 아프면 스윙이 위축되어 원활한 연습이 안 돼 발전에 지장을 준다. 정확한 자세로 적당량을 꾸준히 연습하는 것이 지름길이다.

10여 년간 지속된 신경성 위장병을 이겨내다

　　마포구 서교동에 골프 연습장을 개업한 지 얼마 안 되어 강규환 회원이 등록하였다. 운동신경이 전혀 없어 축구도 어떻게 할 줄 몰라 축구교본을 사서 탐독할 정도로 몸치이니 남보다 레슨 기간을 4배 정도 잡고 천천히 가르쳐 달라고 하였다. 그래서 기초부터 레슨 템포를 길게 잡고 1년 과정으로 시작했는데, 빠지지 않고 열심히 연습하여 스윙 폼이 잘 형성되었다. 6개월부터 라운딩을 나갔는데 꽤 공을 잘 쳐서 주위 사람을 놀라게 했다.

　　현재는 세무사로 개인 사업을 하고 있으나 전직은 세무 공무원이었다. 그때 당시 직장에서 운동 못하는 사람으로 유명했는데 그런 강 사장이 골프를 배운다고 하니 그를 아는 사람들이 어려운 골프를 어떻게 치느냐고 궁금해 하였다. 그런데 막상 함께 라운딩한 분들이 깜짝 놀랄 정도로 실력이 월등하여 골프를 일찍 시작하고 운동신경이 있는 자기들보다 훨씬 잘 치고 스윙 폼도 아름다워 어디서 누구에게 배웠느냐며 궁금해 했다. 결국 그 주변의 세무사 사장들이 필자의 골프장에 와서 스윙 교정을 받았다.

　　특히 강 사장은 신경성 위장병이 있어 3개월마다 정기적으로 병원에서 처방을 받아 위장약을 복용한 지 10여 년이나 됐는데, 골프 시작 후 그 증상이 없어졌고 지금은 위장병이 완전히 나았다. 매년 5월, 부가세 신고 기간이면 과로하여 보약을 먹지 않으면 건강을 유지하기 힘들었는데, 골프를 시작하고는 피로감이 없어 업무 수행 능력이 배가되어 사업 확장에 많은 성과가 있었다며 자랑하였다.

또한 그전 같으면 점심식사 후 1시간 정도 낮잠을 자야 오후 근무가 가능했는데, 골프 시작 후부터는 1시간 일찍 일어나 연습장에 들러 연습하고 출근해도 피곤하지 않았으며 낮잠 자는 습관까지 고쳐 오후 근무를 활기차게 수행한다며 골프 덕분에 건강관리가 잘 되는 것 같다고 했다.

강 사장은 레슨의 기본을 충실히 이행하고 성실하게 꾸준히 노력하여 운동신경이 없는 본인의 결함을 극복하고, 짧은 기간에 싱글 수준까지 도달한 회원으로 기억에 남는다.

에피소드

20년간 유지되었던 뱃살이 빠지다

　　김용수 사장은 우리나라 최초로 진공 모터를 보급하고 발전시킨 입지적인 분이다. 뉴질랜드로 사업이민을 계획한 후에 가족과 함께 필자에게 골프를 배운 분으로, 다부진 체구에 약간의 고지식한 면이 있었다.

　　필자가 "앞으로 체중이 약 5kg은 빠질 것입니다"라고 했더니, "20년 동안 테니스를 했는데도 빠지지 않는 체중이라 그러지 않을 것입니다"라고 했다. 그래서 "두고 보세요. 앞으로 빠질 터이니…"라고 했다.

　　5~6개월 지난 어느 날 아침, 운동을 평소보다 반 정도만 하고 나가기에 무슨 일이 있느냐고 물었다. 체중이 3kg 정도 빠져서 걱정되어 병원에 건강검진을 받으러 간다는 것이었다. 그래서 운동을 하고 나면 5kg 정도 빠지니 건강에 이상은 없을 것이라고 안심시켰다.

　　그 후 검진 결과가 나오기까지 은근히 걱정하는 것 같아서 뱃살이 빠지면 오히려 건강에 좋은 일이 아니냐고 위로해 주었으나 필자의 말이 미덥지 않은 눈치였다. 1주일 후 병원에서 검진 결과를 보고 오더니 환한 얼굴로 "아무 이상 없대요. 사장님 말씀대로 뱃살이 많이 빠졌대요!" 하며 기뻐했다.

그 후 뉴질랜드로 이민을 가서 사업도 성공하고 있다는 소식을 들었다. 인연이 되어 그분의 가족은 물론, 형님을 포함한 형님 가족까지 필자에게 골프를 배웠다. 형님인 김용기 사장은 아마 지금쯤 어느 골프장에서 신나게 내기 라운딩을 즐기고 있을 것이다.

1여 년 만에 싱글 스코어를 기록하다

　선우효원 씨는 구력 2년으로 레슨을 계속 받아도 전혀 진전이 없어 교정을 받으러 온 회원이었다. 비디오로 스윙을 분석하여 보니 심한 닭날개 자세와 오버 스윙에 머리는 흔들리고 엉망이었다. 결함 부분을 한 가지씩 교정해 주면서 결함의 핵심인 닭날개 스윙을 고치기 위하여 백스윙 시 하체를 꽉 잡아 흔들리지 않게 견고히 받쳐 놓고, 왼쪽 어깨를 최대로 돌리고 오른손은 그립에서 살짝 떼고 왼 팔꿈치를 쭉쭉 펴는 1단계 연습을 시켰다. 구력이 2년이라 그런지 점점 타구감이 좋아지고 방향이 잡혀 나갔다.

　약 1주일 후, "내일 라운딩 나가는데 스윙할 때 오른손을 그립에서 살짝 떼고 지금까지 연습한 자세 그대로 라운딩해도 좋으냐"고 물어왔다. 필자는 연습은 실제 라운딩을 위한 것이니 꼭 연습한 대로만 할 것을 당부하였다.

　효원 씨는 라운딩을 마치고 만면에 웃음을 띠운 채 "사장님! 최고로 잘 쳤습니다. 거리와 방향이 상상 외로 좋아 최고의 스코어를 기록했습니다. 이렇게만 숙달되면 잘 칠 수 있겠다는 확신이 섰습니다" 하고 마냥 즐거워했다.

그 후 함께 라운딩할 기회가 있었는데, 하체를 고정하고 왼쪽 어깨를 충분히 돌려서 큰 근육을 사용하며 스윙한다는 개념으로 오른손을 그립에서 거의 떼다시피 하고 왼팔은 쭉 펴 목표 방향으로 클럽과 양팔을 던져주는 스윙을 구사했는데 거리와 방향이 손색없이 훌륭했다.

이 회원은 주말 골퍼인데도 불과 1여 년 만에 싱글 스코어를 기록하였다. 자세도 좋아지고 방향성과 거리가 훌륭하여 전체 스윙이 점점 안정되어 더욱 발전하였다. 자기의 골프 실력을 크게 향상시켜 주어 감사하다며 주변에 골프를 시작하려는 사람과 실력이 늘지 않아 고민하는 사람들에게 적극 홍보하여 필자의 골프장 영업에 많은 기여를 해준 분이다.

에피소드 5 의사의 지시를 어기고 골프를 친 디스크 환자

여의도에서 전통 찻집을 운영하는 김영옥 사장은 남편이 연습장에 올 때마다 따라와서 연습하는 모습을 보며 기다리다 함께 나가곤 했다.

필자가 기다리는 시간에 같이 골프를 배우라고 하니 그렇지 않아도 배우고 싶은데 허리디스크 환자라 의사가 골프를 절대 하면 안 된다고 하여 못하고 있다고 안타까워했다. 스윙 자세를 제대로 배우면 허리가 좋아지는 경우가 많고, 필자는 특히 허리를 잘 낫게 하는 돌팔이 정형외과 의사이니 살짝살짝 해보자고 권유하자 남편도 무리하지 말고 조금씩 해보라고 종용하여 그날부터 연습을 시작했다.

처음에는 통증이 있다고 하더니 점차 아픈 정도와 횟수가 짧아져 1주 정도 지나자 아프다는 말 없이 재미있다며 잘 따라했다. 1~2개월이 지나자 제법 재미를 붙이고 곧잘 쳤다. 얼마 전까지만 해도 찻집에서 일할 때 오후 2, 3시가 되면 뒷다리가 저리고 땅기며 아팠는데 골프를 시작한 이후로 조금씩 덜 아프더니 지금은 아예 통증이 느껴지지 않아 살맛이 난다고 했다.

3개월 후 허리디스크 정기검진을 받았는데 의사가 깜짝 놀라며 그동안 무엇을 했느냐고 묻기에 하지 말라던 골프를 시작한 지 약 3개월 정도 됐다고 고백하였단다. 허리 디스크가 완전히 나았으니 앞으로도 골프를 계속하라고 권유하는 의사의 말에 정말 기뻤다며 남편과 함께 감사하다고 정중히 인사를 했다.

필자가 골프를 배워 한창 재미를 만끽하고 다닐 때 필자와 함께 라운딩을 자주 다니던 모 정형외과 원장은 허리나 어깨, 가벼운 허리 디스크 환자에게 골프가 효과가 있다는 경험담을 자주 들려주었다. 그래서 필자는 어느 정도 확신을 갖고 그런 환자들에게 골프를 권유하여 시작한 분 모두 효과를 크게 본 경험이 있다.

스포츠 과학에도 다른 치료 방법 전에 먼저 운동 요법을 권장하고 있다.

에피소드 6
감나무에서 떨어져
허리 통증으로 40년간 고생했으나…

    50대 초반의 주연심 여사는 체구가 건장하여 골프를 잘 칠 것 같은데 망설이고 있었다. 이유를 물어보니 허리가 아픈데 덜컥 시작부터 해놓고 중간에 포기하면 등록금이 아까울 것 같아서 망설이고 있다는 것이었다. 그래서 골프는 허리 강화에 좋은 운동인데 만약 허리가 아파 중도에 포기해야 한다면 납부한 회비 전액을 환불해 주겠다는 약속을 한 후 레슨을 시작하였다.

    준비 운동을 한 후 기본 스윙을 3회 하였는데 "아이고 아파" 하면서 허리를 쥐고 주저앉아 버렸다. 은근히 걱정되었지만 태연스레 괜찮을 거라고 안심시킨 후 다시 스윙을 시작하였다. 처음에는 5회, 그 다음은 10회, 15회순으로 스윙 횟수를 올리며 약 30분간 레슨을 한 후 마감하였다. 이런 식으로 운동 시간을 40분, 50분 점차 늘려도 통증으로 주저앉는 횟수는 점점 줄어들었다.

    12살 때 고향 순천에서 뜰 안의 감나무에 올라가 감을 따다가 가지가 부러지는 바람에 떨어져 그때부터 아프기 시작했는데, 그 당시 치료를 받았으면 괜찮았을 것을 어른들이 대수롭지 않게 여겨 치료를 받지 못했다고 했다. 그때부터 화분 하나 들지 못할 정도로 고통 속에 살았고, 허리에 좋다는 치료와 약을 써봤으나 전혀 좋아지지 않자 주변에서 골프를 권유해서 혹시나 하고 연습장에 찾아오게 된 것이라고 했다.

이 회원은 통증이 점점 완화된다는 필자의 말을 믿고 열심히 연습하며 스윙 자세를 익혀 나갔다. 1년이 지난 후 자세 교정을 해주니 "사장님, 골프 실력보다도 허리 통증이 사라진 것만으로도 저는 대만족입니다"라며 환하게 웃었다.

"스윙 자세가 좋으면 허리도 더욱 좋아지니, 이왕에 배우는 거 스윙도 좋고 골프도 잘 치면 일거양득이 아니냐"며 열심히 가르쳤다. 이젠 허리가 완전히 나아 건강한 모습으로 행복하게 라운딩도 즐긴다고 하니 뿌듯하기 이를 데 없다.

사장님이 유명해졌습니다!

　서교동에서 IMF를 맞아 회원이 급감하여 도저히 현상유지가 안 되어 임대료가 적은 당산동으로 연습장을 이전했다. 마침 그 건물에 회사를 운영하는 정 사장이라는 분이 거리가 안 나가고 스코어가 안 줄어 동반자 중 제일 못 치니 실력 향상을 부탁하며 레슨 등록을 했다.

　거리 증가를 위하여 파워 팬power fan의 사용을 권장하고 스윙을 잡아줬더니 매일 출근 전 연습장에 먼저 와서 20분씩 파워 팬으로 교정된 스윙 폼으로 스윙만 하였다. 그리고 가끔 시간이 나면 퇴근길에 공 몇 개를 치는 것이 전부였다. 연습을 좀 더 하라고 권해도 충분히 교정되었다며 라운딩 갈 때마다 점점 좋아지고 있으니 신경 쓰지 말라며 만족한다는 것이었다.

　그러더니 대뜸 "사장님이 유명해졌습니다!"라고 해서 그 이유를 물어 보았다. 동반자 중 제일 못 치는 본인이 어느 날 갑자기 거리가 제일 잘 나가고 스코어도 좋아지는 바람에 라운딩하는 분들이 어찌된 일이냐고 묻기에 필자한테 배우는 중이라고 말했단다.

　얼마 후 정 사장과 라운딩하는 몇몇 분이 찾아와 어떻게 가르쳤기에 불과 2~3개월 만에 정 사장이 이렇게 달라졌는지 그 비법을 배우러

왔다고 하였다. 그래서 정 사장이 스윙의 정수를 잘 소화하였고 파워팬으로 공 치는 연습보다 스윙 교정 내용을 열심히 한 것이라며, 그분들의 스윙 자세를 비디오로 분석해 주고 원 포인트 레슨을 해주었다.

"인생도 골프도 내가 만들어 가는 것이다.
열심히 그리고 꾸준히 노력하면 이룰 수 있다.
좋은 반려자를 만나면 한결 행복이 빠르게 다가오고 그 행복이 오래간다."

태산이 높다하되 하늘 아래 뫼이로다.
오르고 또 오르면 못 오를리 없건마는
사람이 제 아니 오르고 뫼만 높다 하더라.
　　　　　　　　　- 양사언

3년 구력의 골프 마니아를 제친 초보 골퍼

　　이윤희 씨는 아담한 체구의 40대 여성으로 골프는 처음이라며 연습장에 회원으로 가입한 후 레슨을 받기 시작했다.
　　1개월 반쯤 레슨을 받던 어느 날, "사장님, 이번 목요일에 송도 퍼블릭 코스로 골프를 치러 가기로 약속했는데 저와 동반해 주시면 안 될까요?"라며 부탁을 했다. 아직 라운딩 나갈 정도로 스윙이 안정된 상태가 아니니 한 1개월 후에 가면 안 되겠냐고 하자, 자신도 그러고 싶은데 골프를 권유한 절친한 친구가 자신도 골프를 시작한 지 1개월 반 만에 처음 라운딩을 나갔다며 같이 가자고 하여 어쩔 수 없이 승낙하고 말았다며 동반해 줄 것을 간절히 부탁했다.
　　할 수 없이 그때부터 피칭 샷과 퍼터 방법을 스윙과 병행해서 이틀간 가르쳤다. 라운딩 가는 날 차 안에서 이윤희 씨는 함께할 친구에 대하여 간략히 소개해 주었다. 친구는 3년 전부터 골프를 시작하여 꾸준히 레슨을 받고 있으며, 매주 2회 정도 라운딩할 정도로 골프 마니아라고 했다. 그래서 자신한테도 골프를 강력히 권유하여 마지못해 배우고 있는 중이라고 했다.
　　골프장에 도착하여 이윤희 씨 친구인 김 사장을 만나 보니 건장한 체구에 스포츠로 단련된 단단한 몸매의 소유자였다. 김 사장이 사업 관계로 시간이 없으니 전반 8홀만 했으면 좋겠다고 하여 라운딩을 시작했다.

이윤희 씨는 첫 샷을 아이언 5번으로 티 샷을 했는데 중앙으로 잘 맞아 성공적으로 마쳤다. 김 사장은 우드 1번으로 티 샷을 했는데 심한 슬라이스가 났다. 그 이후에도 이윤희 씨는 아이언 5번으로 티 샷을 해도 김 사장이 드라이버로 친 것보다 거리가 더 많이 나갔다. 방향이야 말할 것도 없이 정확히 중앙으로 향하였다. 반면 친구인 김 사장은 좌우로 슬라이스 아니면 훅으로 나가 같이 라운딩하는 필자가 민망할 정도였다.

3홀부터 이윤희 씨에게 우드 5번을 잡고 티 샷을 하도록 하였더니 거리가 아이언 5번보다 훨씬 많이 나가고 방향 역시 중앙으로 잘 향하였다. 이런 상황의 연속으로 8홀이 거의 끝나갈 무렵, 김 사장이 8홀을 더 하자고 제의해 왔다. 8홀을 다시 라운딩해도 이윤희 씨는 계속 나아졌으나 김 사장은 처음과 똑같이 드라이버는 슬라이스나 훅이 연속 나고 아이언과 피칭 샷도 방향성과 거리가 계속 흔들리며 전반과 큰 차이 없이 후반 라운딩도 끝났다.

샷의 내용과 스코어 면에서 김 사장과는 비교가 안 될 정도로 이윤희 씨가 훨씬 잘 쳤다. 김 사장이 난감해 하더니 자신의 스윙을 한번 분석해 줄 수 없느냐고 부탁하여 필자의 골프장으로 함께 왔다. 이윤희 씨와 김 사장을 앞뒤 타석에 나란히 세워 공을 쳐보도록 한 후, 두 사람의 스윙을 카메라로 촬영한 후 비디오로 분석하였다. 김 사장은 닭날개 스윙이고, 이윤희 씨는 완전 삼각형 구도로 스윙이 확실히 이루어져 그 차이점을 자세히 알려주었다.

김 사장은 자기가 연습하는 골프장에서 3년 동안 레슨을 받고 있는데 스윙 분석을 한 번도 받아본 적이 없어 자기의 스윙 자세가 닭날개 스윙인지도 몰랐으며, 닭날개 스윙이 이렇게 나쁜 자세인 것도 오늘에야 처음 알게 되었다고 했다. 지금까지는 자신의 라운딩 실력이 크게 나쁘지 않은 것으로 알고 있었는데, 이윤희 씨와 같이 라운딩을 해보니 자신의 실력이 얼마나 형편없는지를 느꼈다며 씁쓸히 돌아갔다.

그 다음 날 이윤희 씨는 필자를 보자마자 "잘 가르쳐 주셔서 감사합니다. 어제 함께 라운딩한 친구는 자기가 다니는 연습장에 가서 난리를 쳤대요. 1개월 반 연습한 초보 친구한테 망신을 당했는데 알고 보니 스윙 자세가 엉터리였다며 프로에게 호통을 쳤고, 라운딩의 자초지종을 들은 그 연습장 프로들은 지금 비상이 걸렸대요"라며 밝은 표정으로 말했다.

정석 스윙을 처음부터 제대로 배운 자세와 기본 스윙을 잘못 배운 스윙은 엄청난 차이가 있다는 것을 확인시켜 준 사례였다.

골프장 사장이 뭘 알아?
프로가 훨씬 잘 가르치지…

　사당동 골프 연습장으로 이사 온 후 1개월 조금 지난 10월경, 필자의 골프장에서 처음 시작하여 1년 정도 레슨을 계속 받는 이원경 회원과 골프를 시작한 지 20여 년 된 남수진 사장, 2~3년 구력이 있는 조연주 여사와 함께 수원 근교의 골프장에 라운딩을 나갔다.

　이원경 회원은 여자인 원 프로가 1년간 줄곧 레슨을 맡아 열심히 가르치고 있는 상태였고, 남수진 사장은 구력이 있어 레슨 없는 일반 회원인데 필자의 출근 시간대와 남 사장의 연습 시간대가 맞지 않아 스윙 내용을 볼 기회가 별로 없었다. 조연주 여사는 1년여 레슨을 받은 후 지금은 일반 연습 회원인데, 스윙 폼을 왼팔을 펴는 삼각 구도형 스윙으로 원 포인트 레슨을 해주었더니 꽤 잘 이해하고 필자가 요망하는 수준의 스윙으로 점차 발전하고 있는 상태였다.

　1년 동안 레슨을 받고 있는 이원경 회원의 샷은 라운딩 시작부터 끝까지 한 번의 굿 샷도 없이 미스 샷의 연속이었다. 몇 주 안 된 초보자도 가끔 공이 떠서 날아가는 굿 샷도 나오련만 시종일관 샷이 형편없으니 운동신경이 없는 자신을 가르치는 원 프로에게 미안하다며 자책을 했다. 사장인 필자가 이원경 회원에게 송구하고 민망스러웠다.

그런데 조연주 회원은 처음부터 끝까지 반듯반듯 실수 없이 굿 샷이었다. 모든 샷이 펄펄 날았다. 사장의 입장에서는 레슨을 받는 회원이 잘 쳐야 면목이 서는데 반대 현상이 되니 기분이 개운치 않았다.

남수진 사장은 경륜에 비하여 샷의 내용과 실력이 실망 수준이었다. 조연주 회원보다 샷의 내용이나 스코어가 좋지 않았으니….

이원경 회원은 라운딩을 마치고 돌아오는 길에 원 프로를 야단치지 말고 그런대로 잘 쳤다고 이야기해 달라고 신신당부를 했다. "알겠습니다만, 골프 기초가 1년이 되도록 그렇게 스윙 형성이 안 되고 샷이 불확실하다면 앞으로도 발전 가능이 어려워집니다" 하며 원 프로를 위해서도 정확히 라운딩 내용을 알려줘야 서로 발전이 있다고 말하자 다음 라운딩까지 전혀 발전이 없으면 그때 이야기해 달라고 간청하였다. 약속은 했지만 모든 회원이 이번 라운딩에 지대한 관심을 갖고 있었기에 그 비밀이 얼마나 잘 지켜질지 자신은 없었다.

전에는 필자 혼자 레슨을 맡아 타 프로와 레슨 비교가 안 되어 혼선이 없었는데 이곳 사당동 연습장을 인수하여 와보니 오전에는 원 프로, 오후에는 조 프로 두 분이 맡아 레슨을 하고 있었다.

그 전 골프장 사장은 골프 경험이 전혀 없어 전적으로 레슨을 프로들에게 의존하고 이곳의 프로들에게 배우는 처지였다. 그래서 골프장 사장은 골프를 못하는 것으로 회원들 간에 인식이 오랫동안 박혀 있는 상태였다. 그래서 필자가 인수 후 레슨에 대하여 조언을 하면 "골프장 사장이 뭘 알아? 프로가 훨씬 잘 가르치지…"라며 시큰둥하였다. 그런 분위기에서 첫 라운딩이었으니 관심이 클 수밖에 없었다. 특히 필자의 실력과 필자가 가르치던 조연주 회원에게 관심이 쏠렸다.

조연주 회원이 "사장님은 골프를 정말 잘 치세요. 그리고 나도 이번에 가장 잘 쳤는데 그 전에는 라운딩을 할 때 손이 아파 정신이 없었는데 손이 아프지 않아 살겠다"고 하자 분위기가 싹 달라졌다. 그 후부터는 회원들이 필자의 레슨에 귀를 기울여 주었다. 그 후 조연주 회원은 따님까지 맡기면서 사장님의 레슨이 최고이니 잘 배우라고 딸에게 신신당부를 하였다.

　잘 치고 못 치는 것은 운동신경에 좌우되는 것이 아니라고 확신한다. 골프는 3~6개월간의 기초 과정이 중요하다. 처음 시작하려는 분은 레슨 프로의 선택에 신중해야 한다. 시설이나 가격을 기준으로 삼으면 후유증이 심각하다.

　가르치는 사람이 충분히 레슨 능력을 배양한 후 남을 가르쳐야지 그렇지 않으면 배우는 사람들이 많은 고통과 스트레스를 받게 된다는 사실을 명심해야 한다. 골프를 잘 치고 잘 가르치면 금상첨화겠지만 잘 치는 사람이 잘 가르치는 것은 절대 아니다.

　타이거 우즈를 가르치는 사람이 타이거 우즈보다 잘 칠까? 잘 가르치는 사람은 분석하는 눈과 교정해 주는 능력이 있어야 한다.

아픈 어깨가 낫기만 한다면 1억을 주겠다…

    김선희 회원은 지금의 사당동 골프장으로 이전해 와서 만난 40대 중반의 여성으로, 골프를 시작한 지 1주일이 되었는데 운동신경도 없고 기력도 없어 보였다. 프로에게 배우고는 있었는데 공이 전혀 맞지 않아 흥미를 잃고 곧 그만두겠다 싶어 필자가 전담하기로 하고 기초부터 차근차근 다시 가르쳤다. 신기하게도 필자에게 레슨을 받자마자 안 맞던 공이 잘 맞으니 재미있어 했다.

    건강한 여성 회원들이, "김 회원은 몸이 약하니 골프를 못 칠 것 같다"고 하기에 "좀 지나면 이 골프장의 다른 어떤 여성분보다 잘 칠 겁니다"라고 했더니 대부분 비웃을 뿐이었다.

    김선희 회원이 월별로 등록하기에 3~6개월 단위로 등록하면 할인요금이 적용되는데 왜 월별로 등록을 하느냐고 물으니, 언제 그만둘지 몰라서 그런다고 했다. 본인은 원래 운동신경이 둔할 뿐 아니라 산후조리를 잘 못해서 늘 양쪽 어깨가 쑤시고 아파 잠도 편히 잘 수 없는 상태라 조금 더 심해지면 골프도 그만둘지 모르는 형편이라고 했다. 그래서 필자가 꾸준히 연습하면 어깨가 낫는다고 했더니, "아픈 어깨가 낫기만 하면 1억을 주겠다"고 하는 것이 아닌가.

결혼 후 충북 괴산 산골에서 추운 겨울에 첫째, 둘째 아기를 낳고 산골 냇물에 기저귀 등 빨래를 한 이후부터 잠을 잘 수 없을 정도로 어깨가 아팠다고 한다. 치료하기 위해 온갖 양·한방 병원을 찾아다녔으나 전혀 효과를 보지 못하고 20년째 고통을 겪고 있다는 것이었다. 그러니 병만 나을 수 있다면 1억이 아깝지 않다고 했다. 꾸준히 연습하면 어깨가 낫는다고 재차 확인시켜 준 후, 어깨가 나으면 1억 주기로 한 약속이나 잘 지키라고 말한 뒤 더욱 열심히 레슨을 하였다.

김선희 회원은 3~4개월 이후부터 제법 스윙이 완성되어 타구감이 좋아지면서 재미를 붙였다. 거리 측정기에서 보통 여성분이 드라이버로 120~150m가 나오면 잘 치는 편인데, 김선희 회원은 8개월째부터 170m 정도가 나오니 다른 여성 회원들이 거리 측정기가 고장 난 모양이라며 믿으려 들지 않았다.

라운딩도 나가고 공의 방향도 점차 잡혀 가면서 우리 골프 연습장에서 제일 잘 치는 여성 회원이 되었고 3년 후에는 싱글 수준까지 되었다. 그리고 만성 고질병인 어깨 통증도 완치되었다. 예전에는 매사에 자신 없고 얌전하기만 하더니 실력이 늘고 병이 완치되자 적극적이고 자신감이 넘치는 쾌활한 성격으로 변하였다. 그리고 자신의 운동 잠재력도 되찾았다. 스포츠는 정말 위대하다.

1억 원 지급 약속은 안 지켰지만 잠실로 이사 간 후에도 가끔 전화를 한다.

"사장님, 오늘도 싱글을 쳤는데 동반한 사람들이 폼 좋다고 부러워 죽겠대요. 모두 사장님 덕분입니다. 감사합니다!"

제자가 잘되면 그 이상 바랄 것이 무엇이 있겠는가. 그런 순간마다 교육의 보람과 벅차오르는 자부심을 느낀다.

골프는 좋은 운동이다.
상체와 하체를 분리하여 꼬았다 풀었다 당겼다 폈다 하는 데는
하체의 견고함과 상체의 유연함이 요구된다.
몸 전체의 근육 발달과 내장까지 운동이 되어
평소 쓰지 않는 근육들이 활발하게 움직여 긴장과 이완을 할 수밖에 없다.
공을 맞출 때의 타구감은 스트레스를 풀어주는 역할을 하여 정신적으로도 좋은 운동이다.
연습만 하여도 충분한 운동 효과가 있다.
코스에 나가면 걷기 운동까지 더해져 더욱 좋다.

그립은 바나나 껍질이 터지지 않을 정도만…

하루는 40대 초반의 이정연 씨가 찾아왔다. 인근의 인도어 연습장에서 2년간 배우고 있는데 전혀 발전이 없어 연습장을 바꿔 보려고 왔다며 지도를 부탁했다. 지금까지 배운 스윙을 해보라고 한 뒤 촬영하여 비디오로 분석해 보니 역시 하체가 너무 흔들리고 그립을 너무 꽉 쥐었으며 닭날개 스윙을 하고 있었다.

한 동작 한 동작 구분해서 보여주며 교정에 들어갔다. 그립을 그렇게 강하게 잡으면 손이 아프지 않느냐고 물었더니 그렇지 않아도 손이 아파서 집에 가면 설거지를 못할 정도라고 하였다. 그러다가 3일간 쉬면 조금 나아져서 다시 골프 연습을 하고, 또 아파서 3일간 쉬고… 고통의 연속이라고 실토했다.

왜 그렇게 꽉 잡느냐고 물었더니 전에 가르쳐 주었던 프로 선생님이 그립이 흔들리지 않도록 꽉 잡으라고 했다는 것이다. 그렇게 강하게 잡으면 손도 아프고 골프도 늘지 않으며 여러 가지 문제가 발생할 수 있으니 바나나를 잡을 때 껍질이 터지지 않을 정도로 잡는 것이 정석이라고 사진을 보여주었다. 이정연 씨는 갸우뚱하며 힘을 빼고 스윙을 해보더니 훨씬 타구감이 좋고 잘 맞는다며 놀라워했다. 특히 손이 아프지 않으니 이렇게 좋을 수가 없다면서 그 다음 날부터 매일 손, 팔, 어깨의 통증 없이 편안한 마음으로 레슨을 받으니 하늘을 나는 것 같다고 했다. 더욱이 젊고 운동신경이 있어 그간 못 배운 스윙을 마음 껏 휘두르니 실력이 일취월장이다.

 연습장이 이렇게 즐거운 곳인데 그 전 연습장에 가려면 소가 도살장 가는 기분이었단다. 실력도 늘고 고통 없는 연습을 하니 이런 대박이 어디 있느냐며 처음 시작부터 필자를 만났으면 얼마나 좋았겠느냐고 아쉬워한다. 이렇듯 가르치는 프로에 따라 고통을 받기도 하고 기쁨을 누리기도 한다.

하얀 눈밭에서 벌인 결전

　박우진 회원은 30대 중반의 직장인으로 방송 요원이라 교대 근무를 하는 관계로 레슨 시간을 정할 수 없다고 하여 필자가 가르쳐 주기로 하였다. 오전, 오후 번갈아 가며 레슨을 열심히 받고 3개월 이후부터 라운딩을 3주 1회 정도 나가 꽤 잘 치는 실력이 되었다.
　레슨 6개월째 되었을 무렵, 마침 그 전에 등록한 공업 진흥청에 근무하다 정년퇴임한 정 이사와 이 감사 두 분이 연습 회원이 되어 같이 연습을 했다. 이 감사는 7개월간 다른 곳에서 레슨을 받다 왔는데 닭날개 스윙이 심하여 프로한테 교정을 받고 있는 중이었다. 정 이사는 10년이 넘는 구력인데 역시 닭날개 스윙이었다.
　정 이사에게 교정 레슨을 받아야겠다고 했더니, 자신은 구력이 10년이 넘고 지금 광운대학교 경영반에서 유명한 프로에게 레슨을 받고 있다며 사양하였다. 그 스윙으로는 실력 향상이 안 된다고 했더니, 그럼 한번 라운딩을 나가 보자고 제의하여 박우진 회원, 정 이사, 이 감사와 필자 등 4명이 포천 선밸리 C/C에 갔다.
　전날 눈이 좀 왔는데 이곳은 온통 흰 눈으로 덮여 있었다. 혹시나 해서 빨강 공 5개를 가지고 갔는데, 그중에서 3알은 박 회원에게 주고 필자가 2알로 라운딩을 시작하였다. 정 이사와 이 감사는 각각 3개들이 4줄 1박스씩 준비하고 라운딩을 시작했다.

필자와 박 회원은 반듯이 페어웨이 정중앙 쪽으로 거리는 달랐지만 방향은 같아서 공을 쉽게 찾아 세컨드 샷을 할 수 있었다. 그러나 정 이사와 이 감사는 첫 티 샷부터 좌우로, 산과 계곡으로 공이 나가니 찾기가 쉽지 않아 9홀이 끝나기도 전에 준비한 공을 다 잃어버렸다. 필자가 라운딩 중 주운 몇 개의 공을 제공하여 겨우 9홀을 끝낼 수 있었다.

정 이사와 이 감사는 후반 라운딩 전에 또다시 공 1박스씩을 샀다. 그러나 전반과 같이 슬라이스, 훅의 연속으로 공을 찾을 수 없어 애를 먹었다. 박 회원은 기분이 좋아 어쩔 줄 몰라 했고, 정 이사와 이 감사는 계면쩍어 하였다.

이처럼 골프는 경륜이 중요한 게 아니다. 정석의 스윙 폼이 얼마나 중요한가를 절감하는 라운딩이었다.

에피소드 13 누가 머리 없는 분이에요?

    조기정 회원은 체구가 자그마한 40대 여성이다. 처음 연습장을 찾아와 레슨을 꾸준히 받은 뒤, 6개월 후에 첫 라운딩을 나갔다. 필자와 조 회원의 남편인 황 사장 그리고 이웃 친구 손 사장이 동반했다.

    황 사장과 손 사장은 우리 연습장 회원으로 구력이 13년쯤 되는데 스윙 폼이 안 좋아 원 포인트 레슨을 해주어도 고쳐지지 않는 상태였다. 첫 샷을 하기 전에 캐디에게 여성인 조 여사는 처음 라운딩을 나왔으니 잘 못 쳐도 이해해 주라고 했다. 조 여사가 잘 못 치면 필자의 책임이므로 캐디에게 폐가 안 되도록 도와주겠다고 했다.

    첫 샷부터 조 여사의 공은 반듯이 페어웨이 중앙으로 뻗으며 거리도 짧지 않게 나갔다. 그런데 황 사장과 손 사장 샷은 우측 아니면 좌측, 산이나 계곡으로 날아가 캐디가 진땀을 흘렸다. 필자는 첫 라운딩을 하는 조 여사와 페어웨이 중앙으로 가면서 조 여사가 셋업 할 때 방향을 설정하는 간단한 요령을 알려주고, 초가을의 아름다운 산천을 감상하며 여유롭게 라운딩을 즐겼다.

    조 여사는 남편인 황 사장이 자기보다 훨씬 잘 칠 것이라 예상했는데 처음부터 끝까지 산과 계곡으로 들락거리니 이해가 안 되는지, "어째 골프 치러 다닌 지 꽤 오래된 사람이 저 모양이냐?"며 푸념을 했다.

필자는 마지막 홀에서 이글을 하였는데 황 사장과 손 사장은 물론 두 분의 공을 찾으러 같이 간 캐디도 못 봤다. 내리막 120m 정도 거리에서 필자의 세컨드 샷이 홀컵으로 들어가는 것을 보고 조 여사만 놀랐을 뿐이다. 캐디는 화가 잔뜩 나서 황 사장과 손 사장을 향하여 "어떤 분이 머리를 얹으러 왔어요?" 하고 볼멘소리를 하였다.

'머리를 얹는다'는 말은 처음으로 필드에 라운딩을 나온 것을 뜻한다. 두 분은 아무런 대꾸도 못하고, 처음 머리를 얹으러 온 조 여사에게도 머리를 들지 못했다.

그날의 추억은 두고두고 회자되어 우리 골프장의 이야깃거리가 되었다. 조 여사는 그 후 더욱 열심히 연습하여 80대 중반까지 스코어를 내면서 골프를 즐기고 있다. 골프를 하기 전에는 불면증에 시달렸는데 골프를 하는 동안 오랜 지병이 나았고 건강도 좋아지면서 골프 마니아가 되었다.

에피소드 14
2주간 기초 레슨 후에
중국 산동 골프 대회에서 선전하다

얼마 전 골프 회원권 판매회사 직원인 표은숙 과장이 골프를 배우 겠다고 신청했다. 회사에서 연간 이벤트 행사로 자사 회원들을 대상 으로 중국 산동에서 골프 대회를 하는데, 함께 가는 직원 모두 골프 라 운딩을 하도록 회사 방침을 정하여 어쩔 수 없이 골프를 배우지 않을 수 없다는 것이었다.

표 과장은 서울의 골프 연습장마다 영업상 순회 방문하여 자기 회 사의 상품을 소개하고 판매했다. 가는 곳마다 연습장의 레슨 내용을 눈여겨봤는데 사장님이 스윙 폼을 정석으로 가르치는 것이 제일 마 음에 들어 결정했다며 잘 가르쳐 달라고 부탁했다. 다른 직원들도 각 자 연습장을 정해서 열심히 레슨을 받는 걸 보니 선의의 경쟁이 될 것 같다고 했다.

연습 기간은 1개월 남짓, 급할수록 돌아가라는 말이 있듯이 마음 은 바빴지만 차근차근 기초를 다졌다. 표 과장은 바쁜 업무 탓에 연습 장에도 잘 나오지 않아서 막상 연습일은 2주 정도밖에 안 되었다.

그 기간에 필요한 골프의 모든 것을 가르쳐야 했다. 배우는 입장 에서도 절박한 심정인지 집중해서 잘 따라했다. 기본 스윙, 어프로치 샷, 퍼터, 샌드 웨지, 매너 등을 집중적으로 가르쳤다. 아마 다른 연습장에서 배운 동료 직원과 함께 라운딩하면 크게 차이가 날 정도로 샷이 좋을 것이라고 확신을 줬다. 거리 욕심 내지 말고 배운 스윙만 그대로 유지한다는 마음만 변하지 않으면 성공할 것이라고 상기시켜 주고 잘 치고 오라고 보냈다.

지루하던 장마와 폭우로 인한 산사태로 얼룩진 8월이 지나고 9월 초, 궁금하던 표 과장한테 전화가 왔다.

"사장님! 잘 치고 왔습니다. 정말 모두가 깜짝 놀랄 정도로 잘 맞아서 기쁨을 주체할 수가 없었습니다. 사장님 말씀대로 다른 곳에서 배운 동료 직원과는 비교가 안 되었고, 그 사람들이 당황하고 있을 때 사장님의 가르침대로 현장에서 레슨을 해주었더니 그분들도 잘 되어서 너무 행복했습니다. 사장님, 감사합니다"라며 흥분이 채 가시지 않은 목소리로 극구 칭찬을 했다. 그리고는 "깜빡하고 멋대로 한 샷은 꼭 미스 샷으로 나타났고, 사장님 가르침대로 하면 틀림없이 잘 맞아 감탄을 많이 했습니다"라고 덧붙였다.

짧은 시간에 그토록 잘 따라준 표 과장이 대견스러웠다. 좀 더 다듬으면 더 즐거운 골프가 될 것이고, 이제 시작이니 지난 라운딩에 만족치 않았으면 하는 바람이다. 험난한 나날이 파도처럼 기다리고 있으니….

부록 GOLF

골프
룰과
용어해설

골프는 자신감이다.
항상 긍정적인 마음으로, 호쾌한 스윙이 보기도 멋있다.
실수할까 두려워하지 말고 '나도 할 수 있다'는 자신감이 반드시 좋은 결과로 보답한다.
실수는 성공의 어머니다.

홀의 구성과 스코어 계산

- 골프는 기본이 18홀이다.
- 전반 9홀을 아웃 코스out course라 하고 후반 9홀을 인 코스in course라고 한다.
- 9홀만 칠 수도 있으나 기본인 18홀을 치는 것이 원칙이다.
- 9홀은 par 3홀이 2개, par 4홀이 5개, par 5홀이 2개로 구성되며 18홀은 배로 72타로 구성되어 있다.
- 72타를 기준으로 하여 타수가 낮으면 언더 파under par라고 하며, 많으면 오버 파over par라고 한다.
- 각 홀의 par보다 2타 적게 쳤을 때는 이글eagle, 1타 적게 쳤을 때는 버디birdie, 정해진 타수만큼 쳤을 때는 파par라 한다.
- 그리고 par보다 1타 더 치면 보기bogey, 2타 더 치면 더블 보기double bogey, 3타 더 치면 트리플 보기triple bogey, 기준 타보다 배로 치면 더블 파double par라고 한다.
- 운 좋게 한 번에 홀컵에 넣으면 홀인원hole in one이라고 한다.
- par 5홀에서 2타째 홀컵에 들어가면 알바트로스Albatross라고 한다. 모든 코스에서 72타로 마치면 이븐 파even par라고 한다.
- 골프 클럽은 모두 합하여 14개를 기준으로 한다. 14개보다 부족한 것은 규제가 없으나 14개가 넘으면 공식 경기에서 실격 처리된다.

- 플레이 중 클럽을 보충하거나 바꿀 수 없고, 동반자의 클럽을 빌려서 사용하면 2벌타다.

골프는 논리이고 과학이다.
왼팔로 일정한 원을 그리는 정석의 스윙이 아름답고 즐거운 골프가 된다.
정석의 골프는 논리와 과학의 스윙 폼이다.
논리와 과학이 없는 스윙은 방향을 잃은 돛단배다.
약한 풍랑에도 흔들리는 돛단배는 항상 위험하고 불안하듯이 정연한 논리와 과학의 스윙이 되어야 퍼즐이 풀리듯이 발전하여 스코어가 좋아진다.

골프 클럽의 구성

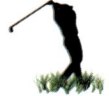

골프 클럽의 종류별 거리

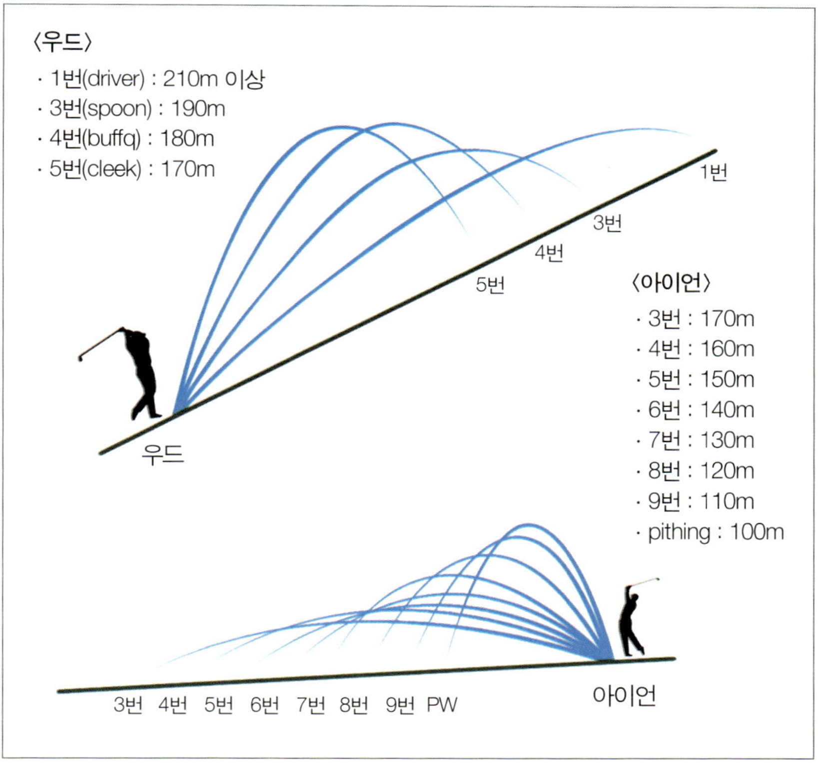
〈우드〉
· 1번(driver) : 210m 이상
· 3번(spoon) : 190m
· 4번(buffq) : 180m
· 5번(cleek) : 170m
1번
3번
4번
5번
우드
〈아이언〉
· 3번 : 170m
· 4번 : 160m
· 5번 : 150m
· 6번 : 140m
· 7번 : 130m
· 8번 : 120m
· 9번 : 110m
· pithing : 100m
3번 4번 5번 6번 7번 8번 9번 PW
아이언

우드 클럽의 명칭

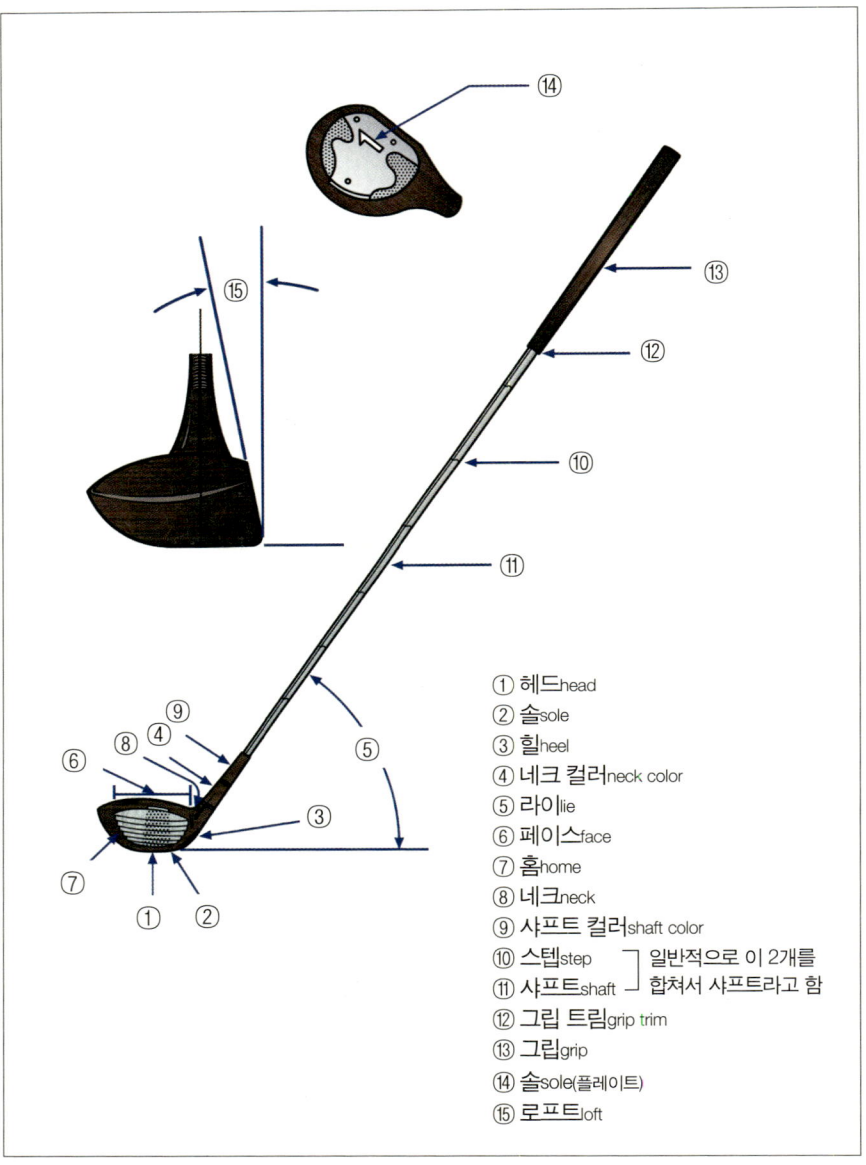

① 헤드head
② 솔sole
③ 힐heel
④ 네크 컬러neck color
⑤ 라이lie
⑥ 페이스face
⑦ 홈home
⑧ 네크neck
⑨ 샤프트 컬러shaft color
⑩ 스텝step ┐ 일반적으로 이 2개를
⑪ 샤프트shaft ┘ 합쳐서 샤프트라고 함
⑫ 그립 트림grip trim
⑬ 그립grip
⑭ 솔sole(플레이트)
⑮ 로프트loft

아이언 클럽의 명칭

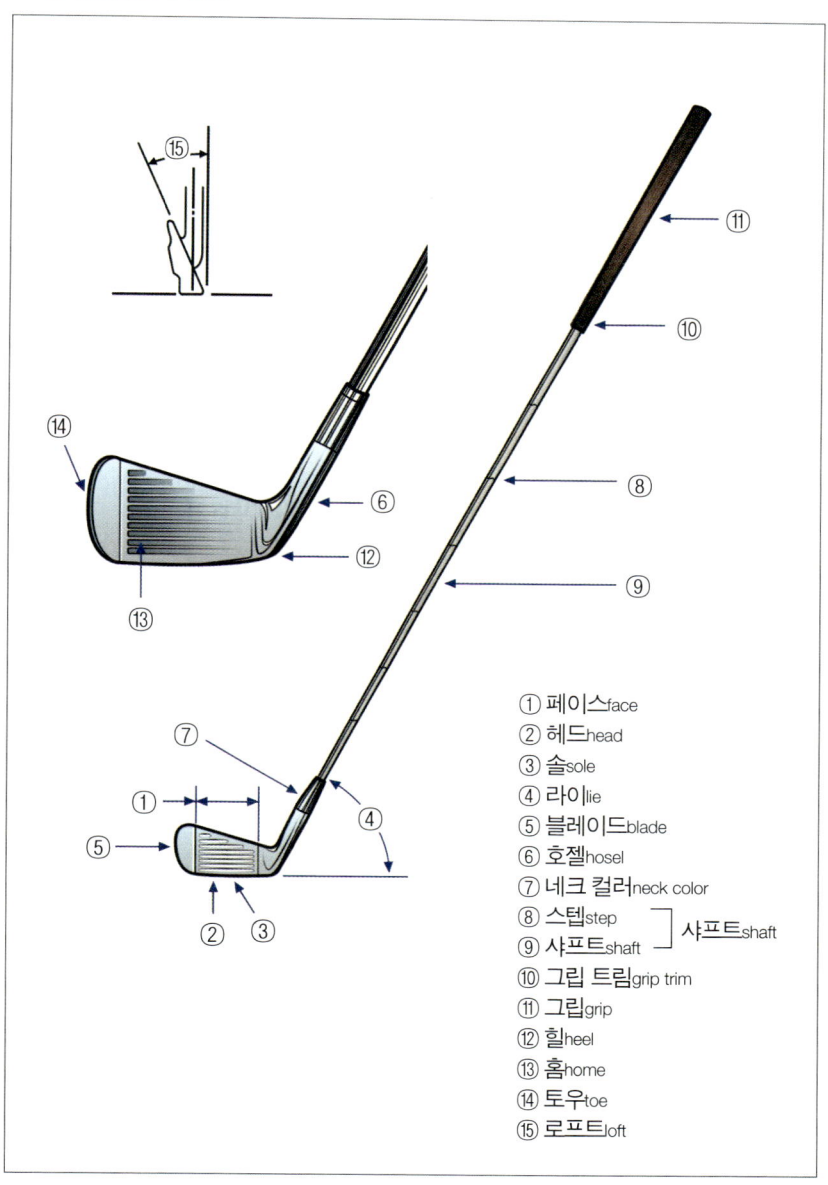

① 페이스face
② 헤드head
③ 솔sole
④ 라이lie
⑤ 블레이드blade
⑥ 호젤hosel
⑦ 네크 컬러neck color
⑧ 스텝step ┐ 샤프트shaft
⑨ 샤프트shaft ┘
⑩ 그립 트림grip trim
⑪ 그립grip
⑫ 힐heel
⑬ 홈home
⑭ 토우toe
⑮ 로프트loft

흔히 접하는 주요 룰 RULE

　한국 골프 협회의 룰과 세계의 룰이 거의 같고 추가로 골프장마다 로컬 룰local rule이 있는데 가장 강력한 룰은 그날의 라운딩 동반자와 정하는 룰이다.

- 티 샷 구역에서는 2클럽 내에서 티 샷을 한다. 순서는 첫 티 샷만 뽑기로 정하고, 다음 홀부터는 잘 친 순서로 티 샷 이후 샷은 홀컵에서 먼 위치의 공부터 차례로 친다.
- 티 샷 시간 후 5분 내 도착하면 스트로크 게임에서는 2벌타, 매치플레이는 그 홀 실격, 5분 후 도착은 게임 몰수다.
- 스윙에 지장이 있다고 나뭇가지를 꺾거나 모양을 변형시키면 2벌타.
- OB는 플레이 금지구역을 벗어나는 것으로 2벌타며, OB 선상의 공은 OB가 아니다. (OB의 2벌타는 '본인이 친 숫자 +2'만 하면 혼돈이 없음)
- 잠정구는 OB가 명확치 않을 때 동반자의 동의를 얻은 후에 친다. 초구가 OB가 아닐 때는 잠정구는 벌타 없이 회수한다.
- 로스트 볼lost ball은 5분 내 찾지 못하면 2벌타로 원위치에서 플레이한다.
- 워터 해저드water hazard는 물에 빠진 곳을 기준으로 하지 않고, 최초 물에 들어간 지점을 기준으로 하여 2클럽 내에 드롭drop한다.

- 라운드 해저드lound hazard에 공이 빠지면 해저드 입구에서 드롭하고 플레이하고 1벌타.
- 서브 그린surve(B)-green에 공이 위치했을 때는 그린을 4등분하여 홀컵에 가깝지 않고 평행된 지점에서 1클럽 내 드롭한다.
- 동반자의 클럽으로 플레이하면 2벌타.
- 동반자가 친 클럽을 물어보면 2벌타.
- 동반자의 클럽 백club bag을 쳐다볼 수 있으나 커버나 수건을 치우고 보면 2벌타.
- 동반자에게 보내야 할 거리를 물어보면 2벌타.
- 동반자의 공을 모르고 치면 2벌타.
- 벙커 안에서 공을 덮고 있는 낙엽을 치우고 치면 2벌타.
  (종이나 깡통, 담배꽁초 등 인공물인 경우 무벌타)
- 벙커에서 샷 하기 전에 클럽이 모래에 닿으면 2벌타.
- 잠정구를 동반자에게 알리지 않고 치면 1벌타.
- 다른 티잉 그라운드teeing ground, 혹은 티잉 그라운드 밖을 사용한 경우 2벌타. (원래 티잉 그라운드에서 3타째 다시 침)
- 잔디를 밟아 놓고 그 위에 드롭하면 2벌타.
- 페어웨이에서 공 뒤의 긴 풀을 밟고 샷 하면 2벌타. (티 샷 시는 가능)
- 캐디가 그린에서 "여기로 치세요" 하고 깃발이나 발로 표시하고 있는 도중에 퍼팅한 경우 2벌타.
- 벙커 안에서 같이 있는 동반자의 공을 친 경우는 무벌타.
  (확인 후 원위치에서 플레이)
- 퍼팅 선상의 장애가 되는 긴 풀을 퍼터로 눌러 고치면 2벌타.
  (볼 마크 수리와 모래를 치우는 것은 무벌타)
- 벙커 안에서 동반자가 친 모래로 나의 공이 덮인 경우는 무벌타.
  (원상복구 후 원위치에서 플레이)

- 공용의 캐디가 러프rough에서 자신의 공을 주며 "이 공, 손님 거예요?" 하면 1벌타다. (인플레이 공은 규칙에서 터치를 허락한 경우 외 터치)
- 동반자와 공이 거의 같은 지역에 있는데 0번을 치고 짧거나 길 때 "6번을 쳤어야 했는데"라고 들리도록 말한 경우 2벌타. (어드바이스 룰 위반)

■ 퍼터의 스윙별 거리 기준

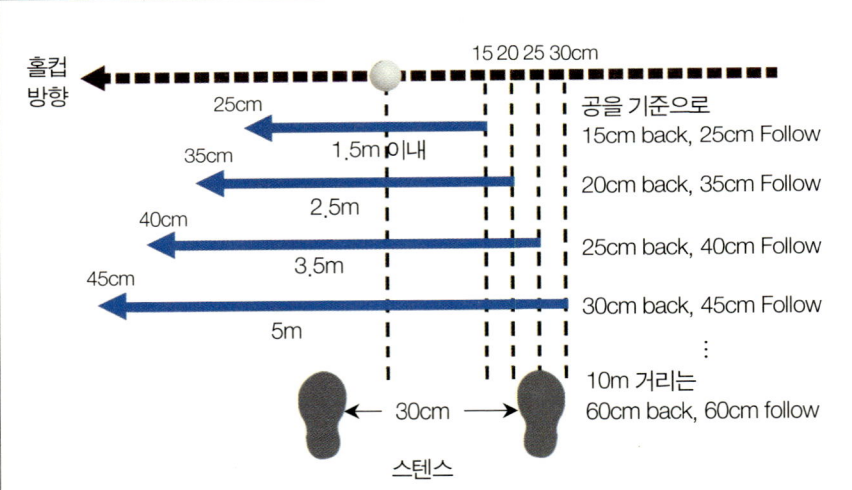

* 공과 발끝선과의 간격은 25cm
  (공은 왼쪽 눈 밑, 왼발 안쪽에서 10cm 정도)
* 그린 상태는 보통 평지 기준
* 오른발의 형태에 맞추어 거리 기준
  · 발 안쪽 : 2.5m
  · 발 중앙 : 3.5m
  · 발 우측 : 5m

꼭 알아야 할 주요 매너

- 자신의 최대 거리 이상으로 앞 팀이 나간 후 샷한다.
- 코스 보호를 위하여 연습 스윙 시 디보트divot가 나지 않도록 하고 시설물 손상이 없도록 주의한다.
- 디보트 시 원래의 자국에 떨어져 나간 잔디를 메우고 발로 밟아 다진다.
- 샷한 후 다음 샷할 클럽을 2~3개 들고 공이 있는 곳으로 신속히 가고, 항상 예비 공을 준비하여 OB, 분실구, 워터 해저드에 대비한다.
- 플레이는 신중하되 시간을 끌지 않도록 한다.
- par3홀에서 앞 팀이 뒤 팀에게 플레이를 허용(sign)해 뒤 팀이 샷을 하여 그린 온green on 될 때, 앞 팀이 휴대하고 있던 퍼터를 머리 위로 올려 축하 표시를 하고, 뒤 팀의 플레이어는 모자를 벗어 인사로 답례한다.
- 앞 팀이 그린에서 퍼팅 중일 때는 그린에 접근하지 말고 20~30m 전에 멈춰 기다리다 끝난 후 그린에 간다.
- 뒤 팀이 기다리던 중 티 샷을 했는데 OB가 나 잠정구나 다시 샷을 할 때는 동반자와 뒤 팀에게 양해를 구한 후 샷을 한다.
- 벙커 출입 시 턱이 낮고 가장 공에 가까운 곳으로 출입하고, 홀컵 쪽에서 들어가지 않는다. 샷을 한 후 원상태로 복구하고 고무래(rake)는 복구가 쉬운 곳에 둔다. 고무래를 벙커에 미리 갖다 놓으면 벌타 시비가 있다.
- 그린에서 신발의 스파이크(spike)를 끌면서 걷거나 기타 행위로 손상이 되

지 않도록 하고, 동반자의 퍼팅 라인을 밟지 않게 짧은 거리는 돌아간다.
- 그린의 상처는 동반자의 퍼터가 끝난 후 복구한다.
- 동반자가 퍼터나 샷을 할 때 시야 밖에서 멈춰 조용히 기다린다.
- 뺀 깃대는 그린 밖에 놓는다.
- 그린에서 공의 위치를 마크할 때 공이 닿지 않도록 하고 목표 반대쪽에 한다.
- 그린에서 볼 마크를 옮겨야 할 경우에는 주변 나무 등을 기준으로 하여 퍼터 페이스putter face의 길이로 거리와 위치를 정확히 잰 다음 마크하고, 원위치에 다시 공을 놓을 때는 역순이다.

골프는 매너와 에티켓이다.
좋은 매너와 에티켓의 플레이어는 잘 치는 골퍼보다 빛난다.
돈을 잃으면 잠시요, 매너를 잃으면 영원이다.
돈을 잃으면 작은 것을 잃은 것이고, 명예를 잃으면 많은 것을 잃은 것이며,
건강을 잃으면 모든 것을 잃은 것이다.
곱씹어 볼 만한 명언이다.

3개월이면 100타 가능한

5 주요 골프 용어

A

- **에이스** Ace

한 타에 홀인시키는 것. 보통 대부분의 사람들이 '홀인원'이라고 함.

- **어드레스** Address

공을 치기(스트로크) 전, 공을 클럽에 대고 샷을 하겠다고 자세를 잡는 것.

- **앨버트로스/알바트로스** Albatross

홀에 규정된 타석보다 3타가 적은 타수로 홀인시키는 것.

- **어프로치 샷** Approach shot

그린까지 거리가 약 100야드(약 91미터) 이내로 남았을 때 그린 위(홀이 있는) 편에 가장 가까이 공을 접해 놓기 위해 치는 샷.

- **에이프런** Apron

꽃길이라고도 부르는 지점으로, 페어웨이처럼 잔디가 짧게 깎여 있고, 그린으로 가는 입구 둘레에 위치하고 있는 잔디.

- **어테스트**Attest

경기가 끝난 뒤에 하는 중요한 행위로, 동반 경기자가 기입한 홀의 스코어가 잘못 되지 않았는지를 확인한 뒤에 동반 경기자 서명란 Attest by에 서명하는 것.

- **애버리지**Average

평균 타수를 뜻함.

B

- **보기**Bogey

규정 타수에서 1타 오버하여 홀인하는 것.

- **볼 마크**Ball Mark

그린에 공이 떨어지면서 생기는 패인 부분이나 공이 있는 곳을 표시하는 것.

- **비기너**Beginner

골프를 처음 시작하는 초보자.

- **버피**Buffy

우드 4번의 또 다른 별칭.

- **벙커**Bunker

모래가 있는 웅덩이.

C

- **캐디** Caddie

경기자의 클럽을 운반하거나 규칙에 따라 경기자에게 조언 등을 해주는 사람.

- **카드** Card

타점을 기입하기 위한 것으로 보통은 스코어 카드 score card라고 함.

- **클럽 페이스** Club face

골프채의 한 부분으로 공을 때리는 부분.

- **칩 샷** Chip Shot

러닝 어프로치 샷의 일종으로 그린의 주변에서 깃대에 가깝게 붙이기 위해 짧은 거리를 굴려 보내는 타법.

- **크로스 벙커** Cross Bunker

페어웨이 중간에 조성된 벙커. 주로 페어웨이를 가로지르듯이 만들어져 있음.

- **콕** Cock

백스윙을 할 때 왼쪽 손목을 엄지손가락 쪽으로 꺾는 것을 말하며, '콕킹'이라고 함.

- **닭날개 스윙** Chicken Wing

스윙 간 왼쪽 팔꿈치가 닭날개와 같이 굽어져 당기는 형태.

D

- **딤플** Dimple

골프공의 표면에 동그란 홈을 말하며 이 부분으로 인해 공이 뜨게 됨.

- **디보트** Divot

공을 쳤을 때 클럽 헤드에 의해 잔디가 패인 곳.

- **더블 보기** Double bogey

규정 타수에서 2타 오버해서 홀인하는 것.

- **드라이버** Driver

1우드라고 하며 가장 멀리 보내기 위한 클럽.

- **드라이빙 레인지** Driving range

실외 연습장을 말하며 국내에선 인도어 indoor 연습장이라고도 함.

- **더프** Duff

일명 '뒤땅'이라고 하며, 공을 맞추기 전 지면에 먼저 클럽 헤드가 닿는 것을 말함.

- **드롭** Drop

규칙에 의해 주위 든 공을 어깨 높이에서 지정된 지점에 떨어트리는 것을 말함. 방법은 똑바로 서서 손을 어깨 높이로 올리고 팔은 쭉 펴서 공을 떨어뜨린다.

E

- **이글** Eagle

기준 타수(파/par)보다 2타가 적은 타수로 홀인하는 것.

- **익스플로전 샷** Explosion Shot

벙커에서 모래의 폭발력을 이용해서 공을 내보내는 샷으로, 클럽을 공 뒤 2~3cm 정도의 지점을 스트로크함.

F

- **페이드 볼** Fade Ball

떨어질 때 오른쪽으로 구부러져 별로 구르지 않는 공.

- **페어웨이 우드** Fairway woods

우드 클럽 3, 4, 5번은 페어웨이에서 거리를 좀 더 내기 위해 사용하는 클럽.

- **플래그** Flag

홀컵의 위치를 나타내기 위해 세워 두는 깃발.

- **플랫 스윙** Flat swing

골프채가 바닥 쪽에서 움직이는 스윙을 가리키는 것.

- **팔로우 스로우** Follow Through

임팩트에서 피니시까지의 클럽 헤드의 움직임을 뜻하는 것.

● **포워드 프레스** Forward Press
백스윙 전에 하는 준비 동작으로 클럽 헤드를 상하로 움직여 보는 것.

● **프라이드 에그** Fried Egg
벙커에 들어간 공이 모래에 파묻혀 마치 계란 프라이처럼 된 상태.

● **풀 세트** Full Set
규칙에 의해 사용할 수 있는 14개의 클럽.

● **페어웨이** Fairway
티 그라운드에서 그린까지의 지역으로 잔디가 잘 다듬어져 플레이를 편히 하는 곳.

G

● **갤러리** Gallery
골프 경기를 구경하는 관중.

● **그린** Green
정식으로 '퍼팅 그린'이라 부른다. 홀컵이 있는 지역으로 잔디가 짧게 깎여 있는 곳.

● **그립** Grip
클럽을 잡는 방법과 골프 클럽에서 손으로 잡는 부분.

H

- **핸디캡** Handicap

골프의 기량 차이를 보안하는 장치이며 밸런스를 맞추기 위한 방법.

- **해저드** Hazard

벙커 또는 워터 등의 방해물.

- **홀** hole

그린 안에 지름 108mm, 높이 100mm의 구멍.

I

- **임팩트** impact

스윙 시 클럽 헤드가 공에 닿는 순간.

- **인도어 골프** Indoor Golf

실내 골프장과 야외에 그물망을 쳐 놓은 골프 연습장(닭장).

- **인사이드 아웃** Inside out

다운스윙 시 클럽 헤드의 스윙 곡선이 타깃 라인에 대해 안쪽에서 바깥쪽으로 나가는 것.

L

- **라이**Lie

착지된 공의 위치 또는 상태.

- **라인**Line

목표물에 공을 보내기 위해 정해 놓은 송구선.

- **로컬 룰**Local rules

일반 골프 규칙에 덧붙여 경기 코스의 특수한 조건을 바탕으로 규정된 규칙.

- **로프트**Loft

샤프트와 클럽 페이스가 이루는 각도로 일반적으로 번호가 클수록 이 각도 커짐.

- **롱 아이언**Long iron

일반적으로 1, 2, 3번 아이언 클럽을 지칭하며, 샤프트가 길고 로프트가 낮아 다루기가 힘든 만큼 긴 비거리를 낼 수 있음.

- **루즈 임페디먼트**Loose impediment

코스 내에 있는 돌, 나뭇잎, 나뭇가지 등 자연적인 장애물로 자라지 않는 것.

M

● **매치 플레이** Match play

'홀 매치'라고도 함. 2인 또는 2조로 각 홀별로 승패를 정하는 경기 포맷.

● **멀리건** Mulligan

티잉 그라운드에서 실수로 공이 OB가 되었을 경우, 상대방의 동의를 얻어 벌타 없이 다시 샷을 할 수 있는 것.

● **마운드** Mound

벙커나 그린 주변의 높은 지역.

N

● **내추럴 그립** Natural Grip

야구 배트를 쥐듯이 쥐는 그립의 한 방법.

O

● **오피셜 핸디캡** Official handicap

공식 관련 기관으로부터 인정을 받은 핸디캡.

● **오픈 페이스** Open face

클럽 페이스가 정상보다 열린 상태로 어드레스를 하고 스윙하는 것.

- **아웃사이드 인**Outside in

  타구를 위한 스윙의 궤적이 백스윙 때 몸보다 앞쪽에서 내려와 임팩트 후 피니시는 목표선 기준으로 11시 방향으로 들어오는 것.

- **오버래핑 그립**Overlapping grip

  가장 흔한 그립 방법으로, 오른쪽 새끼손가락을 왼손 둘째손가락의 관절과 맞물리게 하는 방법.

- **오버 더 톱**Over the top

  스윙 간 오른쪽 어깨가 올라가거나 앞으로 나오는 현상.

- **오비**OB : Out of Bounds

  코스 외 플레이 금지 구역.

P

- **팜 그립**Palm grip

  샤프트를 손바닥으로 쥐는 그립.

- **피보트**Pivot

  허리의 회전, 허리를 비트는 것.

- **피치 샷**Pitch shot

  어프로치를 위한 샷의 한 가지로, 로프트가 큰 아이언으로 공에 역회전을 가해 목표지점에 착지한 공이 거의 구르지 않고 정지하도록 하는 타법.

- **피치 앤 런** Pitch and run

어프로치 샷의 한 가지로, 공이 착지한 후에 목표를 향해 구르도록 치는 타법.

- **피칭 웨지** Pitching wedge

피칭 샷 용도로 만들어진 웨지로 로프트도 크고 무거운 것이 특징.

- **퍼터** Putter

단거리용 굴림 전용 클럽. 홀컵에 공을 넣는 채.

- **퍼팅** Putting

퍼트로 스트로크하는 행위.

- **퍼팅 라인** Putting line

그린 위의 공과 컵 인을 위해 예상되는 홀컵 사이의 선.

R

- **러프** Rough

페어웨이 외에 잘 다듬어지지 않은 길고 깊은 잔디 지역.

S

- **샤프트**Shaft

클럽의 헤드와 그립을 연결하는 막대기 부분.

- **생크**Shank

공이 클럽 헤드 중앙에 맞지 않고 앞쪽 뒤쪽에 맞아 낮게 깔리거나 우측 좌측으로 꺾이는 실패타.

- **싱글**Single

핸디캡이 9~1까지의 플레이어.

- **슬라이스**Slice

오른쪽 플레이어 기준으로 공이 오른쪽 방향으로 휘는 것.

- **솔**Sole

클럽 헤드가 지면에 닿는 부분을 말하며 넓을수록 잘 빠져나감.

- **스윗 스팟**Sweet spot

공이 클럽 헤드 정중앙에 맞는 것. 방향이 좋고 거리가 제일 많이 나감.

T

- **티잉 그라운드**Teeing ground

골프 플레이를 하기 위한 출발 장소. 두 개의 마크 선을 기준한 전

면선에 이어 2클럽 뒤로 이은 사각 구역(벗어나면 1벌타).

- **티 샷** Tee shot

  티잉 그라운드에서 샷을 하는 것.

- **티 업** Tee up

  공을 치기 위해 티에 공을 올리는 것을 말하며 골프의 시작을 뜻함.

- **토핑** Topping

  공의 윗부분을 쳐서 공이 굴러가 멀리 가지 못한 실패 샷.

- **테이크 어웨이** Take away

  백스윙의 시작 부분.

- **테이크 백** Take back

  클럽을 치켜드는 것.

- **토우** Toe

  클럽 헤드의 끝부분.

- **톱 오브 스윙** Top of swing

  백스윙의 최정점이자 다운스윙의 시발점이 되는 일련의 동작.

- **트러블 샷** Trouble shot

  곤란한 타구. 치기 나쁜 러프에서 치는 것.

U

- **언더 리페어** Under repair

코스 내에 있는 수리지. 보통 흰 선 또는 붉은 말뚝으로 표시. 여기에 공이 들어가면 무벌점으로 드롭할 수 있음.

W

- **왜글** Waggle

클럽에 탄력을 붙이는 동작. 백스윙을 시작하기 전에 손목만으로 가볍게 클럽을 흔들어 굳어 있는 부분을 부드럽게 하는 것.

- **웨지** Wedge

바닥이 넓고 평탄하게 되어 있는 아이언 클럽. 피칭 웨지, 샌드 웨지 등이 있음.

- **위크 그립** Weak grip

'슬라이스 그립'이라고도 한다. 왼손 손등이 거의 정면을 향하고, 왼손으로 쥐는 모양이 얕고 반대로 오른손이 깊어지게 쥐는 모양.

- **워터 해저드** Water Hazard

코스 내에 있는 연못, 호수, 습지, 강 따위의 장애물.

Y

- **야디지** Yardage

홀이나 코스의 거리를 야드로 표시한 숫자.

- **야디지 포스트** Yardage post

홀 번호. 홀까지의 거리. 1홀의 파 등을 써서 티잉 그라운드에 세워 놓은 표시판.

| 이 책을 마치며 |

　골프를 배우는 대부분의 사람들은 건강도 다지고 좋은 취미 하나 갖겠다는 소박한 마음으로 시작한다. 그러나 처음 배울 때 어렵고 힘들고 아프고 복잡해서 포기한 분들이 안타깝게도 주변에 너무 많다.
　이러한 분들을 위하여 좀 더 쉽고 재미있게, 그리고 건강도 다지며 취미생활을 할 수 있도록 골프 레슨 내용을 정리하여 책으로 펴낼 생각을 항상 갖고 있었다. 그러나 차일피일 게으름을 피우다 이제야 결단을 내려 실행에 옮기게 되었다.
　책을 보다가 이해가 안 되는 부분은 전화나 인터넷 홈페이지로 문의하면 상세히 설명하여 줄 것을 약속드리며, 필자가 운영하는 연습장을 방문하면 무상으로 더욱 상세히 알려드릴 것이다.
　본서에서도 강조하였듯이 골프는 그렇게 만만한 운동이 아니다. 그렇다고 또 그렇게 어려운 운동도 아니다. '머리를 중심으로 축의 흔들림 없이 왼 팔꿈치를 펴는' 기초 스윙만 이해한다면 누구나 쉽게 배울 수 있다. 처음부터 무리한 욕심으로 기간을 촉박하게 잡지 말고, 차근차근 스윙의 원리와 기초를 쌓아 가면 충분히 가능하다.
　생활인의 건전한 스포츠로 즐기며 골프의 묘미를 만끽하는 데 부족함

없는 스코어인 '핸디캡 13-15, 타수 85-87 타' 정도는 그렇게 어렵지 않다. 그 정도 실력은 필자가 제시하는 논리의 골프를 이해하고 연습하면 누구나 가능하다는 것이 필자의 레슨 경험에서 충분히 입증된 바 있다.

며칠 전 한 분이 업무상 골프를 시작하였는데 손이 아파 도저히 계속할 수 없어 2년 동안 중단하였다가 인터넷에 소개된 필자를 찾았다. 지금 그 회원은 "가르치는 사람에 따라 이렇게 다를 수가 있습니까?" 하며 즐거움 속에서 열심히 배우고 있다.

또 중국 상하이에 사는 50대 초반의 여성 한 분은 그곳에서 1년 정도 배워도 전혀 늘지 않아 포기하려는데, 남편이 서울에 가서 기본 스윙 폼을 배우도록 권유하여 역시 인터넷을 통하여 필자를 만났다. 스윙을 해보도록 하였더니 공이 한결같이 우측으로 가는 심한 슬라이스성 구질이었다. 원인을 설명하고 스윙을 하나씩 교정하니 타구감이 좋아지고 직선 방향으로 공이 날아가기 시작하자 신기해 하며 감탄하였다.

교정 시작 후 일주일이 되자, 필자의 레슨에 확신이 생겨서인지 서울에 사는 딸과 딸의 친구를 장기 레슨에 등록시켰다. 혹시 딴 곳에서 시작하여 자기처럼 고생만 하고 포기할까 봐 아예 필자에게 맡겨야 안심이 될 것 같다는 것이다. 이 회원도 기쁜 마음으로 자신감을 찾아 만족한 연습을 하고 있다.

며칠 전 필자와 같이 라운딩을 3일 간격으로 2회 나가 보니 본인뿐 아니라 동반한 분들이 더더욱 놀라워했다. 이 여성 회원은 상하이에 가면 놀랄 사람이 너무 많을 것 같다며 좋아했다.

왜 그렇게 어렵게 가르치는 걸까? 정말 안타까운 일이다.

우리 모두 훌륭한 매너와 좋은 스코어로 행복과 낭만을 즐겼으면 한다. 골퍼 마니아 분들! 모두 힘내세요. 우리가 있잖아요!!